나는 왜 테러리스트를 변호했나?

나에게 가장 어려웠던 형사 변호
온 강달과의 협력으로

나는 왜

ICH VERTEIDIGTE ANDERS BREIVIK WARUM?

테러리스트를
변호했나?

예이르 리페스타드 글

김희상 옮김

그러나

목차

서 문

    이 책을 쓰기로 결심했을 때 나는 아네르스 베링 브레이비크와 나 자신 또는 다른 관련자가 다시금 주목받는 것을 결코 원하지 않았다. 우리는 지나칠 정도로 노출되었다. 1년 반이 넘도록 언론 매체가 그 어떤 형식으로든 우리를 보도하지 않은 날은 단 하루도 없었다.

    77명의 목숨을 앗아간 테러리스트의 변호인으로 우리는 폭풍의 한복판에 섰다. 우리는 모든 다른 사람들보다 훨씬 더 많은 문제들을 배려해야만 했다. 그래야만 균형이 잡혔으니까. 특히 우리는 브레이비크가 파괴하려 들었던 가치를 지켜야만 했다. 역설적이게도 브레이비크는 이 가치를 온전히 누린다. 우리가 이 균형 잡기에 성공했는지는 다른 사람들이 판단할 문제다. 나는 우리가 파국만큼은 피했다고 느낀다.

    우리 법률사무소에 일상의 평온이 돌아온 지금, 어떻게

2011년 7월 22일의 비극이 일어날 수 있었는가 하는 물음이 여전히 나를 괴롭힌다. 사회는 모처럼 단결된 모습을 보여주기는 했지만, 테러리스트의 위험한 이데올로기와 충분한 대결을 벌이지는 못했다. 우리는 혹시 이어질지 모를 테러를 막을 대책을 논의하기에 급급했을 뿐, 테러리스트와 그 이데올로가 파괴하려는 근본 가치를 어떻게 지키고 강화할 수 있는지 하는 물음은 소홀히 다루었다.

나는 이 책이 신앙, 피부색, 국적 등과 상관없이 우리를 통합해주는 가치를 두고 활발한 담론이 이뤄지는 데 기여하기를 바란다. 우리를 서로 구분 짓는 것처럼 보이는 문화의 차이(이런 이유로 브레이비크와 그 동조자들이 악용하는 문화의 차이)를 거론하는 대신, 우리는 내가 재판 과정을 통해 알게 된 많은 청소년이 한 일을 그대로 따라야 한다. 즉, 우리는 각 개인의 소중함과 사회의 근본 가치(민주주의, 사상의 자유, 평등, 인권)의 의미를 새삼 소중히 새기며 가꾸어야 한다. 우리는 서로 다르다 할지라도 이런 가치가 무너지는 것만큼은 결코 허용해서는 안 된다. 역설적으로 들릴지라도, 우리는 다양성을 인정하지 않고 짓밟으려는 비(非)관용의 태도만큼은 절대 관용해서는 안 된다.

이런 가치를 토대로 우리 대다수는 2011년 7월 22일 노르웨이에서 일어난 테러에 맞섰다. 이는 곧 민주주의 법치국가의 보편적 원칙에 따라 범인을 다뤄야 함을 뜻하기도 했다. 노르웨이 사회는 이런 원칙을 충분히 이해하고 실천에 옮겼다. 다만 문제는 이런 근본 가치를 일상에서 올곧게 세우는 것이 무척 어렵다는 점이다.

변호인으로서 나는 테러리스트와 지낸 1년 동안 그 누구보다도 가까운 자리에서 그를 지켜보았다. 나는 이 책의 일부는 나의 당시 메모와 기록을 토대로, 일부는 사안에 좀 더 거리를 두고 작성한 강연 원고를 토대로 썼다. 나는 이 책에 담긴 견해가 우리 변호인단 모두가 무조건적으로 공유하는 것은 아님을 강조하고자 한다. 우리 팀에는 언제나 의견 차이가 있었음을 밝혀둔다.

변호사로서 알게 된 사실을 밝히지 않아야 한다는 묵비(默祕) 의무를 나는 존중한다. 동시에 나는 그럼에도 상황을 다각도에서 바라볼 수 있도록 몇 가지 관점을 제시하기로 결심했다. 이런 관점은 일반적인 경우 변호사가 공개하지 않는 것이다. 그러나 나는 테러 사건의 몇몇 중요한 측면을 이해하려면 이런 관점이 꼭 필요하다고 보았다.

감사드리고 싶은 분은 무척 많다. 특히 아내 싱네Signe와 우리 아이들에게 감사한다. 이들은 모두 각자의 방식으로 내가 이 사건의 변호를 맡을 수 있도록 도와주었다. 동료 변호사 비베케 헤인 베라Vibeke Hein Bæra, 오드 그룅Odd Grøn, 토르 요르데트Tord Jordet에게도 감사를 전한다. 이들이 없었더라면 변호는 불가능했다. 그리고 노르웨이 변호사협회와 다른 동료들, 친구들, 지인들, 그리고 관련 업무를 처리해준 직원들에게 감사한다. 이들 모두 변호사의 업무가 우리의 가치 공동체를 든든히 만드는 데 기여할 수 있도록 도와주었다.

에이르 리페스타드

일러두기

● 각주는 모두 옮긴이 주다.

우리는 무엇을 옹호하는가

— 새로운 가치 담론을 시작해야 할 때다

나는 노르웨이에서 가장 탈옥하기 어렵다는 평판을 자랑하는 시엔Skien 교도소를 찾아가는 길이다. 정확한 날짜는 2012년 9월 7일이다. 이날은 노르웨이 역사상 가장 중요한 소송의 공소 상고 기한이 끝나는 날이다. 이 사건이 특별한 이유는 재판 과정이나 판결이 아니라, 제2차 세계대전 이후 노르웨이 땅에서 자행된 최대의 테러 행각 뒤에 숨은 위험한 이데올로기 때문이다.

날씨는 좋다. 하늘은 구름 한 점 없이 푸르다. 나는 승용차 안에 앉아 곧 이뤄질 아네르스 베링 브레이비크와의 만남에서 더는 새로운 일이 일어나지 않을 거라고 어느 정도 확신했다. 100% 확신할 수는 없었던 이유는 이 사건을 다루는 동안 몇 번이나 충격적인 경험을 했기 때문이다. 약간 긴장했는데, 그 이유는 아마도 곧 이 사안을 문서 기록으로 남길 수 있으리라고 바랐기 때문인 듯하다. 그럼 우리는 마침내 이 사건이 던져준 수많은 사회 문제들에 접근할 수 있으리라. 우리는 아직 이런 문제들의 답을 찾아내지 못했다.

이 사건으로 나는 폭넓은 진폭의 감정(내가 가능하다고 여긴 것보다 훨씬 더 많은 감정)을 경험했다. 2011년 7월 23일 경찰에게 전화를 받은 새벽부터 나는 그 감정들을 기록해두었다. 2011년을 워낙 힘들게 보낸 터라 폭삭 늙어버린 것처럼 느껴질 만도 했지만 실제로는 그렇지 않았다.

나는 지치기는 했지만 동시에 강하게 단련되었다고 느긴다. 사안이 워낙 엄청났음에도 나는 가족을 잊지 않았기 때문이다. 우리 부부에게는 아이들이 여덟 명 있다. 그 가운데 두 명은 장애에 시달린다. 둘 중의 한 명, 좀 더 씩씩한 레베카Rebekka는 장애가 심해서 종종 하루 종일 생사의 기로에서 헤맬 정도다. 딸의 생명이 가느다란 실에 매달렸다면 사람들은 더욱 힘들었을 것이라고 생각하리라. 그렇지만 레베카와 보내는 소중한 시간이야말로, 위기 역시 인생의 한 부분임을 나에게 일깨워주었다. 딸의 얼굴에 피어오른 미소를 보며 느끼는 기쁨, 또 심지어 딸의 숨결조차 소중하기만 하다. 많은 경우 생명은 우리가 가진 것 중 가장 깨어지기 쉬운 것이며, 저절로 살아지는 당연한 것이 전혀 아니다. 사랑도 마찬가지다. 인생을 스스로 이끌어가는 능력도 당연한 것이 아니다.

아마도 이런 모든 경험 때문에 나는 그토록 많은 생명을 앗아갔으면서도 자신은 여전히 살아 있는 남자의 변호를 맡게 된 모양이다. 이렇게 본다면 브레이비크를 변호하는 일은 그가 파괴하려 한 것을 방어하는 일이 된다. 어쨌거나 생명 그 자체는 소중한 것이다. 그리고 브레이비크는 여전히 생명의 일부분이다.

맑은 가을 공기 속에서 나는 우리가 많은 어려운 결정을 내려야만 했다는 것, 복잡하게 뒤엉킨 이해관계의 균형을 잡아줘야 했다는 것, 특히 많은 소통이 필요했다는 것을 확연히 깨달았다. 우리가 사건을 어느 정도 잘 마무리했다는 생각을 들자, 나는 재판 과정에서 전혀 인지하지 못했던 감정이 솟아올랐다. 그것은 곧 감사함이다.

나는 변호인이라는 역할로 테러와의 진지한 대결에 기여할 기회를 가지게 된 것에 감사한다. 제2차 세계대전 이후 노르웨이 국민을 하나로 단결시킨 사건에서 중요한 역할을 맡았다는 사실에 감사한다. 우퇴위아Utøya 섬의 생존자인 청소년들과 만나 흉금을 털어놓고 대화를 나눌 수 있었던 것에 감사한다. 그리고 많은 가족이 그들이 가진 가장 소중한 것, 즉 자녀를 잃은 주체할 수 없는 슬픔에도 재판정에서 서로 위로를 주고받으며, 분노나 복수심이 아닌 품위와 의젓함을 이야기하는 장면을 떠올리며 나는 감사함을 느낀다. 그 가족들은 함께 힘을 모아 우리 사회의 근본 가치를 지키는 것이 중요함을 몸소 보여주었다. 우퇴위아에서 사회민주주의 청년 조직 '아우프(AUF: Arbeidernes ungdomsfylking : 노동자청년동맹)'가 주최한 청소년 캠프에 참가한 청소년들도 같은 확신을 가졌다.

우리 민주주의 법치국가의 제도와 기관은 이런 근본 가치를 토대로 삼는다. 경찰도 마찬가지다. 이 사건 때문에 경찰은 제때 대응하지 못하는 실수를 저질렀다고 맹비난을 들어야만 했다. 이런 비판이 정당한 것인지 다른 사람보다 더 잘 판단할 수는 없지만, 나는 경찰의 진상 규명 노력만큼은 칭찬하고 싶다. 첫날부터 수사관들은 뛰어난 전문성을 보여주었다. 이들은 오로지 진짜 무슨 일이 일어난 것인지 밝히려는 목표만 가졌다. 동시에 경찰은 브레이비크와 모든 다른 관련자의 권리를 존중했다. 경찰의 작업을 지척에서 지켜보면서 나는 경찰 조직이 우리가 그토록 자부하는 가치 위에 서 있음을 조금도 의심하지 않게 되었다. 2011년 7월 22일은 그 모든 잔혹함에도 이 가치의 소중함을 일깨워준다.

노르웨이 변호사가 상대하기에 아주 드문 의뢰인과 마지막이 될 수 있는 만남을 하러 가는 동안 나는 다른 관계자의 태도도 생각해보았다. 검찰청과 검사 역시 사건을 여느 다른 형사사건과 똑같이 다룬다는 비판을 받았다. 그러나 내가 보기에는 정확히 이런 태도야말로 모범이다. 검찰은 확신을 가지고 이 사건을 특별히 취급하지 않을 것이라고 결정했다. 이런 태도가 대중의 반감을 불러올 수 있음을 충분히 의식한 결정이었다. 검찰은 경찰과 같은 가치 토대 위에 서 있음을 증명한 것이다. 브레이비크가 대중의 지나친 주목을 받는 것은, 언론과 같이 내부 사정을 잘 모르는 외부인 탓이다.

정신과 전문의의 첫 번째 감정에 따라 범인을 심신미약 상태로 판단하기까지 법원은 많은 수고와 비용을 들였음에 틀림없다. 물론 대다수 국민과 언론은 이런 판정을 일종의 무죄 판결로 받아들였다. 그러나 검찰은 형사책임능력을 판별하는 법치국가의 원칙에 부합하는 첫 번째 감정서를 철저히 검토하고 이런 결정이 올바르다고 받아들였고, 이와 마찬가지로 나중에 두 번째 감정서를 바탕으로 이러한 견해를 수정했다.

나는 처음부터 우리의 법체계에 깊은 감명을 받았다. 예심 판사에게 심리를 받는 첫 기일이 상당히 혼란스럽게 진행되기는 했다. 아무래도 우리는 모두 사안의 심각성에 압도당했던 모양이다. 그러나 나머지 진행 과정, 곧 법정 심리의 계획과 진행은 내가 보기에 아주 모범적이었다. 브레이비크가 자신의 동기를 상세히 설명하기 위해 일주일이 넘는 시간을 할애받으리라고 누가 생각인들 했을까? 이처럼 피고인을 존중하는 법체계를 지닌 나라가 얼마나 될까? 나는 그런 나라가 많지 않을 거라는 걱정을 지울 수가 없다.

재판 첫날 브레이비크가 수갑을 찬 손으로 일종의 히틀러 경례를 시도했음에도 재판의 모든 관련자가 그에게 악수를 건넨 것을 두고 전 세계가 흥분했다. 검사뿐만 아니라 고소인도 그에게 손을 건넸다. 우리 변호인들은 재판이 열리는 날마다 노르웨이 법정에서 통상적으로 볼 수 있는 예의를 갖추어 브레이비크를 맞았다.

나는 지금도 외국 기자들이 던진 모든 물음을 생생히 기억한다. 왜 저런 위험한 테러범을 재판정에서 철망으로 격리하지 않고 앉혀두는가? 왜 그는 오렌지색 죄수복을 입지 않았는가? 어째서 피고인석에 앉은 그가 정장에 넥타이를 매고 있는가? 도대체 그는 어째서 하루 종일 거침없이 떠들어대는가? 왜 당신들은 그를 존중해주는가? 대답은 간단하다. 우리는 그렇게 하니까. 겉보기에는 평화로워 보이는 작은 나라 노르웨이, 돌연 테러의 세계 지도에 지명을 올린 노르웨이에서 재판은 상호 존중의 원칙을 지키며 이루어진다. 피고인은 국제적인 조직을 자랑하는 테러리스트가 아니다. 피고인은 자국에서 태어난 시민이다. 조직의 공격을 두려워할 필요가 없는 자국 시민을 철망 안에 가둘 이유는 없다.

우리 변호인들은 당연히 질문 폭격을 받았다. 대체 범인은 어떤 남자인가? 미쳤는가? 어떻게 그런 광기 어린 생각을 했는가? 왜 테러를 벌이고 나서 스스로 목숨을 끊지 않았는가? 모두 답하기 쉽지 않은 질문이었다. 특히 처음에 나는 언론의 집중적인 관심을 받는 것이 힘들었다. 한동안 마치 서커스 무대에 선 기분이었다. 첫 주에는 사무실은 물론이고 내 집 앞까지 기자들이 진을 쳤다. 나는 전 세계에서 찾아온 기자와 사진기자 탓에 자유롭게 움직일 수 없었다.

지금 돌이켜 생각해보면 모든 것이 비현실적으로 느껴진다. 그것이 정말 내 작은 법률사무소를 1년이 넘게 뒤덮은 일상이었을까? 동료와 나뿐만 아니라, 희생자와 그 가족을 비롯한 모든 다른 관련자 역시 윤리와 도덕의 시련과 씨름해야만 했다. 이런 시련은 공개된 공간에서 나치스와 그 부역자를 상대로 벌어진 재판 이후 가장 어려운 것이었다. 많은 이들에게 상황은 견딜 수 있는 한계를 넘어섰다. 몇몇 사람은 남은 인생 동안 그 고통과 싸워야만 하리라. 특히 살아남은 희생자와 살해당한 피해자의 가족은 힘겨운 시간을 이겨내야만 한다.

우리 변호인에게는 혼자서, 그것도 온전한 의식으로 아무런 죄책감이 없이 오로지 자신의 정치 이상을 위해 그 어떤 잘못도 저지르지 않은 무고한 사람들에게 그런 커다란 아픔을 가한 남자에게 가까이 다가간다는 것이 힘들고 괴로웠다. 음험한 행동과 뒤틀린 생각의 우주를 들여다볼 수 있게 그가 열어준 기회를 우리는 차라리 포기하고 싶었다.

그러나 우리는 저 바깥에 브레이비크와 같은 부류의 사람이 적지 않다는 사실을 늘 염두에 두어야만 했다. 비슷한 범죄를 저지르거나 지원하려는 인간은 의외로 많다. "검열의 장벽을 뚫기 위해 폭죽에 불을 붙였다." 이 표현은 우리 의뢰인이 자신의 동기를 그럴싸하게 묘사하려고 써먹었던 비유다.

천연덕스럽게 이런 주장을 하는 의뢰인을 보며 나는 감사함이 아니라 깊은 불안을 느꼈다. 내가 걱정하는 문제는 정부 청사가 들어선 지역에 자동차가 지나다니지 못하도록 막거나, 공격 목표가 될 수 있는 다른 곳을 더 잘 감시하거나 하는 것이 아니다. 경찰이 더 많은 인력과 헬리콥터를 얻거나, 군대가 더 빠르게 투입되거나 하는 것도 아니다. 왜냐하면 2011년 7월 22일 이후 또다시 테러가 일어날지 모른다는 우려 탓에 정부는 안전에 총력을 기울여 만반의 태세를 갖추었기 때문이다.

나를 사로잡는 근심은 오히려 오늘처럼 아름답고 평온한 가을날 느닷없이 먹구름이 몰려와 폭풍우가 몰아치는 것이 아닐까 하는 불안함이다. 나는 저 잔혹한 테러의 배후에 숨은 일련의 흐름을 막을 수 있을까 하는 물음에 더 신경이 쓰인다. 오슬로 정부 청사 지역의 도로 그루베가타Grubbegata에 차단기가 없었다는 것이 테러의 원인은 아니기 때문이다. 또 경찰의 경계 태세가 부족했다거나 각 기관 사이의 협력이 잘 이뤄지지 않았다는 것도 테러의 원인은 아니다. 원인은 더 깊은 곳에 자리 잡고 있다. 테러의 뿌리는 유럽을 뒤덮은 정치적 저기압이 계속 세를 불려가는 데 있다. 우리는 그동안 이런 기류를 충분히 진지하게 받아들이지 않았다. 기상학의 기후 변화의 원인에 대해서는 사람들의 의견이 엇갈릴 수 있지만, 정치의 기후 변화의 원인은 언제나 인간이다. 바로 이런 까닭으로 정치의 기후 변화는 더 쉽게 막을 수 있다. 우리가 의지를 가지고 과감하게 가장 절박한 문제에 맞선다면, 반드시 해결책을 찾을 수 있다.

어떻게 해야 우리는 정치적 극단(동양이든 서양이든 가릴 것 없이, 종교 광신도나 자신만 아는 이기주의자에게서 비롯된 정치적 극단)이 세를 넓혀가는 것을 막을 수 있을까? 많은 사람들이 감당할 수 없을 정도로 빠르게 변하는 사회 때문에 분출되는 분노를 무엇으로 막을 수 있을까? 반민주적이고 급진적인 태도에 보이는 우리의 반응이 근본 가치와 충돌하는 것을 어떻게 막을 수 있을까? 우리 세대는 이런 근본 가치와 함께 성장했으며, 이런 가치는 후손에게도 기꺼이 물려주고 싶은 것이 아닌가? 그리고 갈수록 급진주의자가 이런 가치를 파괴하려는 세상에서 어떻게 하면 자녀들에게 이 가치를 지키도록 가르칠 수 있을까?

내가 보기에는 이것이야말로 노르웨이, 유럽, 그리고 세계의 다른 지역들이 그 답을 찾아야만 하는 아주 중요한 물음이다. 중요한 것은 경제만이 아니다. 이런 근본 가치를 지키려는 합의, 특히 우리가 수용할 수 없는 급진적 흐름을 막을 의지와 용기 또한 중요하다. 급진적 흐름은 우리가 가진 민주주의의 확신과 정면으로 충돌하기 때문이다. 가치 토대는 그냥 당연하게 주어지는 것이 결코 아니다. 가치는 생명처럼 섬세해서 매일 보듬어주고 가꿔주어야만 한다. 우리는 이렇게 하고 있는가? 하고 있다면 어떻게 하고 있는가?

우리는 이런 논의를 본격적으로 시작하지 못했다. 논의는커녕 테러 공격 직후 충분한 기회가 있었음에도 문제가 무엇인지조차 정리하지 못했다. 물론 충격은 여전히 매우 깊다. 그러나 이제 어느 정도 시간 간격을 확보한 지금 우리는 새로운 가치 담론을 시작해야만 한다. 그렇지 않다면 몇 년 뒤 또다시 테러 공격의 참혹함에 어찌할 바를 모르고 어떻게 이런 일이 일어날 수 있을까 하는 물음을 반복하지 않을까 걱정이 된다. 어떻게 우리가 그토록 사랑하는 이 작은 나라에서 그런 잔혹한 테러가 일어날 수 있었을까? 부디 다시는 이런 물음이 반복되는 상황이 일어나지 말아야 한다.

아직 해는 하늘 높이 떠 있다. 오후 3시 15분이다. 나는 한 시간가량 브레이비크와 대화를 나누고 시엔 교도소의 철문을 통해 나왔다. 이제는 확실하다. 항소는 없다.

하지만 일을 끝냈다는 홀가분함은 전혀 느낄 수 없다. 테러리스트와 대화를 나눈 뒤에 언제나 따라붙는 묘한 기분이 나를 괴롭힌다. 자동차에 타기 전에 이런 기분은 털어버려야만 한다. 마치 다른 별에서 날아온 먼지처럼 꺼림칙한 기분이다. 다른 별의 먼지임에도 이 세계에 달라붙어 떨어지지 않는 것처럼 기이하고 낯선 느낌이다.

브레이비크는 우리의 일 처리에 만족감을 표시했다. 그의 만족감이 우리에게 가장 중요한 점은 아니지만, 우리의 가장 중요한 목표는 그의 권리를 지켜주는 것이므로 그가 필요한 도움을 받았다고 생각하는 것은 중요하다.

나는 우리가 적절한 결말을 이뤄냈다고 생각한다. 오슬로 법원의 판결은 철저하고 훌륭했다. 나는 우리 변호인과 희생자와 그 가족과 노르웨이라는 법치국가가 법원에서 이보다 더 나은 결말을 얻어낼 수 있다고 믿지 않는다. 더 나은 판결이 있다면, 분명 어느 쪽이든 항소했으리라. 그런 일은 일어나지 않을 것이다.

차를 타고 오슬로로 돌아오는 동안 나는 지금의 상황이 무엇을 의미하는지 분명히 깨달았다.

2011년 7월 22일 사건을 다룬 재판은 끝났다!

1년이 넘게 나는 이번 과제에 내 생명과 영혼을 바쳤다. 이제 생명이 새롭게 시작하는 것처럼 느껴진다. 앞으로 어떤 사건이 기다리는지 나는 모른다. 분명한 것은 까다롭지 않은 일은 없다는 점이다. 그러나 나는 내가 언제나 추구해온 심장(감성)과 머리(이성) 사이의 균형을 다시 찾을 수 있기를 바란다.

2011년에는 심장이 상대적으로 작은 역할을 맡았다. 무엇보다도 나는 가족을 등한시했다. 이런 사건에서는 달리 어쩔 수가 없었다. 그 대신 나는 지켜야 할 것을 지켜냈다는 보람을 느낀다.

변호인, 성장하다
— 더욱 단단해진 나의 기본 신념

  사람들은 내게 무슨 생각으로 브레이비크의 변호를 맡았
었느냐는 질문을 자주 한다. 또한 사건에 접근하는 방식과
외부와의 소통을 어떻게 계획했는지 하는 점도 알고 싶어 한
다. 사람들이 궁금해하는 점을 두고 나는 여러 차례 숙고해
보았다. 첫 번째로 대답할 수 있는 것은 재판 과정 전체가 법
치 민주주의의 모범이었다는 점이다. 모든 관련 기관이 제 몫
을 훌륭히 해냈다. 우리 변호인단은 이처럼 잘 기능한 전체의
한 부분이었다. 법치 민주주의라는 공동의 강령이 없었다면,
좋은 재판을 치르기가 어렵거나 불가능했으리라.

  이런 공동 작업에 참여하게 된 나의 동기 및 개인적인 이
력을 묘사하려면 아무래도 어린 시절까지 거슬러 올라가야
만 한다. 어린 시절의 체험은 우리의 의지와는 상관없이 인
격 형성에 강한 영향을 미친다. 나는 성장 과정에서 얻은 체

험을 어떻게 소화하느냐에 따라 인생의 향방이 결정된다고 믿는다. 내 경우에도 이처럼 큰 영향을 미친 시기가 있었다.

나는 회네포스Hønefoss에서 태어났다. 테러가 일어난 우퇴위아 섬에서 그리 멀리 떨어지지 않은 도시다. 그곳에서 나는 다섯 살까지 살았다. 그리고 가족 전체, 어머니와 아버지와 누나와 형 그리고 나는 오슬로 남동부의 프린스달Prinsdal로 이사했다. 이곳에서 나는 안전하고 좋은 환경 속에서 성장했다. 우리는 자연과 가까이 살았다. 나는 학교를 다니며 많은 친구들을 사귀었고 운동을 열심히 했으며 많은 다른 취미도 즐겼다. 집이든 환경이든 아름답고 걱정이라고는 없던 어린 시절이었다. 건축 엔지니어인 아버지는 자기 회사를 운영했다. 어머니는 집과 가까운 직장에서 시간제 근무를 했다.

어느 날 학교에서 집으로 돌아와보니 커다란 이삿짐 트럭이 우리 집 대문 앞에 서 있었다. 거실에서는 낯선 남자 세 명이 부산하게 움직였다. 이들은 우리의 가구, 텔레비전, 그림, 냉장고 등 모든 물건을 트럭에 실었다. 나에게 우리가 이사 갈 거라고 말해준 사람은 아무도 없었다. 아버지는 벌게진 얼굴로 구석에 서 있을 뿐이었다. 무슨 일이냐는 나의 질문에 아버지는 미안하다는 말만 되뇌었다. 아버지는 파산했던 것이다. 은행과 채권자들이 우리의 모든 재산을 가져갔다.

남자들은 가치가 있어 보이는 것은 뭐든 들어냈다. 아버지 것뿐만 아니라, 어머니의 물건, 심지어 유산으로 물려받은 것까지 가져갔다. 마지막에는 아이들 방까지 들어가 우리 물건, 특히 친할머니의 집을 그린 그림마저 빼앗았다. 시장 가격은 분명 그리 높지 않은 그림이지만 우리에게는 소중한 것이었다.

당시 나는 '노르스트란Nordstrand 김나지움'을 다녔다. 김나지움을 다닐 정도이니 머리가 나쁘지는 않았을 텐데, 도대체 어떻게 이런 일이 일어날 수 있는지 이해할 수 없었다. 나는 항변하려 했지만, 아버지는 그래 봐야 아무 소용이 없다고만 말했다. 저들이 집을 압류하는 것은 오로지 자신의 잘못 때문이라고 했다. 회사는 파산했으며, 아버지는 개인적으로도 빈털터리가 되었다. 우리는 벽에 박을 못 하나 없는 신세가 되었다. 모든 것을 몰수당해 가진 것이 더는 없었다. 아버지는 남자들도 그저 직업상 하는 일일 뿐이니 분명 마음이 편치 않을 것이라고 말했다. 좌절한 아버지의 표정은 쓸쓸하기만 했다.

몇 달 뒤 빈집은 강제경매에 붙여졌다. 집을 사들인 은행이 몇 년 동안 집을 관리하지 않고 그저 빈 채로 놓아두는 바람에 결국 집은 철거되었다. 어차피 아무도 들어가 살지 않을 거라면 왜 우리가 거기서 그냥 살면 안 되었을까?

다행히 어머니와 아버지는 아버지 쪽 가족의 도움으로 '홀믈리아Holmlia'에 있는 연립주택에서 작은 방을 하나 구입할 수 있었다. 그러나 얼마 지나지 않아 아버지는 집을 나가버렸다. 우리 가족은 뿔뿔이 흩어지고 말았다. 나중에 누나와 나는 대출받아 작은 집을 사서 몇 년 동안 함께 살았다. 형은 여자 친구의 집으로 들어갔다.

　결과적으로 우리는 일찌감치 생계 현장으로 뛰어들어야만 했다. 나는 한 물류업체의 운전기사로 취직했다. 이른바 '자구책'은 긍정적인 흔적을 남겼다. "아무것도 하지 않으면 아무 일도 일어나지 않는다(즉, 뭔가를 이루려면 뭔가를 해야 한다.)."라는 사실을 일찌감치 배운 것은 나쁘지 않았다. 오늘날 나는 근무시간을 스스로 결정하는 이른바 '자율 직업' 종사자로 쌓은 경험을 무척 소중하게 여긴다. 아침 일찍 일어나 부지런히 움직여야만 식탁에 빵이 올라온다.

　아버지의 파산은 내 인생을 결정적으로 좌우한 체험이었다. 청소년기를 보내며 나는 늘 자문했다. 도대체 어떻게 그런 일이 일어날 수 있을까? 어린 우리들은 아무것도 모르고 있다가 심지어 우리 물건이 압류당하는 것을 지켜보아야만 했다. 어머니도 전혀 모르고 있었다. 어머니는 은행에서 돈 한 푼 빌려본 적이 없으면서도 파산의 피해를 고스란히 떠안아야 했다. 자신의 사유재산이 눈앞에서 강탈당해도 어머니는 속수무책이었다. 이렇게 해서 우리 가족 다섯 명은 거리로 나앉았다.

　그때는 1970년대였다. 오늘날의 법은 그때와는 다르다. 그렇지만 당시 내 눈에 그것은 너무나 부당한 일이었다. 화가 났지만 동시에 호기심도 느꼈다. 우리는 대체 어떤 법체계를 가진 걸까? 그런 일이 일어나는 걸 막으려면 어떻게 해야 할까? 채권을 앞세운 이런 실력 행사를 막을 수는 없을까? 나는 내게 그런 일이 또다시 일어난다면 절대 무방비로 당하고 싶지 않았다.

이렇게 해서 나는 법학에 관심을 가지게 되었다. 나는 법학을 공부하기 시작했으며, 학문적 관심이나 출세 기회를 노리고 이 전공을 택한 내 동료들보다 훨씬 더 열심히 법전과 전공 서적을 파고들었다. 저녁과 주말 그리고 방학 때는 계속해서 생활비를 벌기 위해 대도시 오슬로에서 화물 트럭을 몰았다.

법체계에 대한 나의 관심은 가장 친한 친구의 아버지 덕에 더욱 커졌다. 대법원 법률 연구관이었던 그분은 내가 아버지의 파산으로 힘겹게 사는 것을 알았다. 고맙게도 그분은 내가 무엇을 말하거나 어떤 행동을 해도 든든한 바위처럼 나를 받쳐주었다. 또한 그분은 개인을 위한 우리의 법체계와 법적 평등의 중요성에 대해 많은 이야기를 했다. 그리고 우리 사회에서 어떤 사람은 좋은 변호사의 도움을 받는 혜택을 누리는 반면, 어떤 사람은 그러지 못하는 것이야말로 부당한 일이라고 강조하곤 했다.

아버지는 변호사를 쓰지 못했다. 파산한 아버지는 더는 자신을 회복하지 못했으며, 인간으로서의 품위와 자존감이 송두리째 무너지는 것을 고스란히 감내해야만 했다. 아버지는 자신이 인간이 아니라 오로지 빚의 희생자라고만 느꼈다. 더는 은행 계좌를 열 수 없었으며, 집을 살 수도 없었고, 직업을 찾지도 못했다.

몇 년 뒤 아버지는 뇌종양에 걸려 시립 임대주택에서 참담하고 쓰라린 최후를 맞았다. 병으로 신음하는 아버지를 지켜보는 것은 끔찍했지만, 우리가 아버지를 위해 할 수 있는 일은 없었다. 아버지가 많은 실수를 저지른 것은 분명하다. 사업을 한다는 것은 언제나 위험 부담을 끌어안는다. 아버지는 뭔가 잘못되고 있다는 것을 일찌감치 알아차렸어야만 했다. 그러나 아버지가 이런 식으로 모든 품위를 빼앗겼다는 사실은 나에게 깊은 충격을 안겼다.

아버지가 돌아가시고 이틀 뒤 어떤 악명 높은 채권 추심 전문가가 나에게 전화를 걸어와 아버지가 많은 사람들에게 빚을 졌다고 주장했다. 그는 빚추심을 해달라는 위탁을 받았다고 했다. 나는 그렇다면 와서 아버지가 남겨놓은 모든 것을 가져가라고 대답했다. 남은 것이라야 후줄근한 옷 몇 벌과 쓰레기봉투에나 들어갈 잡동사니뿐이었다. 그 뒤로 나는 자칭 추심 전문가라는 사람의 소식을 전혀 듣지 못했다.

어머니의 인생 역시 무척 힘겨웠다. 그러나 어머니는 용기와 활력으로 한 학교의 행정 직원 자리를 얻었다. 어머니는 돈은 별로 없었지만 무척 관대한 분이었다. 내가 법학 석사를 취득했을 때 어머니는 나에게 첫 정장을 선물했다. 덕분에 나는 석사 학위 수여식에 어울리는 복장을 하고 참석할 수 있었다.

우연의 장난을 뼈저리게 느끼며 세상의 모든 것이 정당하지만은 않다는 사실을 명확히 깨닫게 해준 사건은 내 인생에서 계속 끊이지 않았다. 프린스달과 김나지움에서 나는 좋은 친구들을 사귀었다. 우리는 어려서부터 서로 잘 알았으며, 항상 연락을 주고받았다. 우리 여섯 명은 마치 갱단처럼 어울려 다니며 자유 시간의 대부분을 함께 보냈고 여행도 함께 하곤 했다.

주변 사람들은 우리가 모두 어엿한 성인으로 자라 품위 있는 인생을 살 거라고 믿었지만, 그와는 달리 우리는 저마다 다른 길을 갔다. 우리 가운데 세 명은 의사, 엔지니어, 변호사가 되었고, 나머지 세 명은 어려운 삶을 살았다. 심지어 탈선해 범죄까지 저질렀다. 이 모든 것이 미리 정해져 있었던 걸까? 나는 그렇게 보지 않는다. 우리는 모두 저마다 각자의 짐을 지고 살아가야 하지만, 우리의 발전을 위해 주어진 기회를 살리는 일이 중요하다. 주어진 기회를 놓치지 않고 이용했는지, 또 어떻게 이용했는지 하는 것이 차이를 가져오는 결정적 요인이다.

재판이 진행되는 동안 많은 사람들은 나에게 다음과 같이 물었다. "왜 그렇게 열심히 하느냐?", "어떻게 하루에 12~14시간을 악마의 이해관계를 대변하는 데 쓰느냐?", "악귀의 변호사를 해보니 어떠냐?" 첫째, '악마'와 '악귀'는 내가 인간을 표현할 때 사용하는 단어가 아니다. 당사자가 무슨 짓을 했든 간에. 나의 근본적인 인간관은 사람이라면 누구나 가치와 존엄을 가지고 있다는 것이다. 외모나 성격과 상관없이. 둘째, 악마 운운하는 것은 우리 모두가 감당해야 하는 공동의 책임을 비겁하게 전가하는 것에 지나지 않는다. 이 땅에서 사는 사람은 공동체에서 벌어지는 일에 저마다 책임 의식을 가져야 한다.

나는 공동체에 적응하지 못했다는 이유로 미움을 받고 따돌림을 당한 내 세 친구의 운명에서 위 물음에 대한 적절한 답을 찾고 싶다. 나는 왜 하필 이 세 친구가 법의 테두리를 벗어난 인생을 살게 되었을까 하고 곰곰이 생각해보았다. 반면, 우리 나머지 셋은 사회에서 의젓한 인생을 살아가고 있지 않은가.

나는 폭탄이 터진 사건을 어제 일처럼 생생히 기억한다. 2011년 7월 22일 정부 청사 구역에서가 아니라, 1982년 오슬로 중앙역에서 폭탄이 터진 사건 말이다. 새롭게 단장하고 문을 연 중앙역의 사물함 안에서 이른바 '사제 폭탄'이 터진 것이다. 그 사건으로 젊은 여자 한 명이 죽었으며, 열한 명이 다쳤다.

오슬로 한복판에서 폭탄이 터졌다! 정말이지 귀를 의심하게 될 정도로 현실감이 들지 않는 이야기다. 나는 그때까지만 해도 폭탄은 세계의 다른 지역에서나 터지는 줄 알았다. 내 친구 세 명이 이 어처구니없는 사건과 관련이 있다는 것을 알았을 때 충격은 더욱 커졌다. 그 가운데 한 명은 장기 실형을 선고받았다. 당시 열여덟 살이었던 그가 밝힌 범행 동기는 견디기 힘든 가난이었다. 그는 또 다른 폭탄을 숨겨놓았다는 협박으로 돈을 뜯어낼 계획을 세웠다. 이 얼마나 어처구니없는 발상인가! 더 많은 폭탄이 터지지 않은 것이 그나마 다행이다. 아마 이 친구들은 자신이 저지른 일의 엄청난 결과에 더욱 충격을 받았을 것이다.

범인 가운데 두 명은 나의 급우였으며, 한 명은 어릴 때부터 잘 알던 죽마고우였다. 같은 배경, 같은 주거 환경, 같은 선생님, 같은 스포츠클럽이었음에도 이런 차이가 빚어진 이유는 무엇일까? 거의 동일한 어린 시절과 청소년기를 보냈음에도 우리 가운데 세 명은 폭탄을 터뜨렸고, 다른 세 명은 정상적인 직업교육을 받아 책임감을 아는 시민이 되지 않았는가?

이 물음은 줄곧 나를 사로잡고 놓아주지 않았다. 답에 가까워졌는지는 잘 모르겠다. 아무래도 너무 많은 우연이 서로 맞물린 게 아닐까. 아마도 가장 중요한 점은 올바른 때에 올바른 곳에 있어야 한다는 것이리라. 아니 거꾸로 부적절한 때에 부적절한 곳에 있지 않아야 한다고 말하는 것이 더 나으리라. 본래 우리는 방학을 함께 보낼 생각이었지만, 여러 가지 이유로 따로 보내게 되었다. 도시에 남았던 세 명은 결국 사회의 열악한 계층으로 전락했다. 결정적 차이를 빚은 원인에 더 무슨 설명이 필요할까?

한순간의 실수로 이제 사회의 하위 계층으로 내몰린 친구들이지만 나는 이들이 여전히 소중하다. 어린 시절과 청소년기를 함께 해준 친구들이기 때문이다. 여섯 살, 여덟 살 혹은 열 살에 같이 놀면서 바라보던 눈동자가 지금도 선명하게 떠오른다. 열여섯 살에 함께 여행하며 서로 도와주던 손도. 상사병이나 다른 걱정거리를 스스럼없이 이야기하던 친구들을 생각하면 가슴이 아리다.

우리는 모두 동등한 인간이다. 다른 배경, 다른 성장 과정, 다른 문제를 가지고 있다고 해서 이런 진리가 흔들리지는 않는다. 잔혹한 범죄를 저지른 사람일지라도 무조건 짐승 취급을 해서는 안 된다.

아이를 키우거나 돌본 경험이 있는 사람이라면 누구나 모든 인간이 선한 내면을 가지고 있다는 사실을 잘 안다. 그럼에도 성장 과정에서 본래 누려 마땅한 기회를 차단당하고 나쁜 길로 빠지는 일이 벌어진다. 그런 사람들을 악마라고 규정해버리고 계속 배제하면서 사회로 귀환할 기회를 막아버림으로써 우리가 얻을 수 있는 것이 무엇인가?

정작 우리가 집중해야 할 물음은 이렇다. 왜 이런 일이 빚어졌을까? 무엇이 이 사람을 살인자로 만들었을까? 무슨 일이 있었기에 저 여인은 알코올중독자가 되었을까? 왜 이 젊은 남자가 마약에 의존하게 되었을까? 그 배경에 어떤 이야기가 숨어 있을까?

7월 23일 아침에 아네르스 베링 브레이비크를 처음 만났을 때 나는 바로 이런 물음을 품었다. 어떻게 이런 일이 벌어졌을까? 이 남자는 오슬로에서 우리와 함께 살았다. 그는 우리가 다닌 학교 가운데 한 곳을 다녔으며, 우리 사회에서 같은 가치관을 배우며 성장했다. 심지어 그는 정당에서 활발한 활동을 벌인 적도 있다. 이는 곧 민주주의 체계가 무엇인지 잘 안다는 뜻이다. 이런 남자가 어떻게 자신이 태어나서 성장한 노르웨이라는 국가의 역사에서 최악의 테러리스트가 되었을까?

인간의 인생을 형성하는 크고 작은 사건이 남긴 흔적을 관찰한다면, 개인의 역사를 충분히 살핀다면, 자연스레 그 사람을 인간 자체로 존중해주는 마음이 생기게 마련이다. 친근감이나 우정 혹은 일말의 호감이 생기지는 않을지라도 말이다. 그렇게 되면 법체계 안에서 그 사람의 이해관계를 대변해주려는 동기가 생겨나는 것은 그리 어렵지 않다.

우리는 근본적인 물음을 제기하는 일을 결코 멈추지 말아야 한다. 어떻게 이런 일이 일어날 수 있었을까? 이 일로 우리는 무엇을 배워야 할까? 사회 구성원으로서 우리는 우리 사회에 일어난 일에 공동 책임을 져야 하지 않을까? 특히 중요한 물음은 이렇다. 우리는 어디서 실패했을까? 가족? 친구들? 학교? 스포츠클럽? 대체 어디에서 범인의 인생을 결정적으로 비튼 일이 일어났을까? 같은 일이 반복되지 않게 하려면 우리는 무엇을 다르게 하거나 어떤 예방 조치를 취해야 할까?

예전에 착했던 친구, 그래서 온전히 믿을 수 있었던 친구가 잘못된 길에 빠져 자신의 존재를 주장하기 위해 극단적인 수단을 사용했다면, 이제 우리는 알 수 있다. 명예로운 시민에서 사회의 적으로 바뀌는 행보가 흔히 생각하듯 그리 멀지 않다는 사실을! 그리고 또 우리는 가치의 중요성을 좀 더 쉽게 깨닫는다. 우리가 자부심을 가지는 존엄성, 법 앞의 평등, 민주주의라는 가치의 중요성을!

나는 노르웨이와 유럽을 외부에서 관찰하고 그 문화와 생활 방식을 다른 지역의 그것과 비교해보는 것이 도움이 된다고 생각한다. 우리의 근본 가치를 다른 지역의 근본 가치와 비교하는 일은 시야를 탁 틔워주는 결정적인 체험이 될 수 있다. 젊은 시절 나는 운 좋게도 세계 여러 곳을 여행할 수 있었다. 나는 곳곳에서 가난과 절망을 보았다. 그러나 바로 이런 상황에서 나는 서로 존중해주는 사람들을 보았다. 가난에 시달리면서도 품위를 잃지 않고 손님에게 친절을 베푸는 태도는 참으로 불가사의에 가까웠다. 외국을 여행하며 나는 아버지를 떠올릴 때가 많았다. 집과 재산을 빼앗기고 바다에 던져진 돌처럼 가라앉아버린 아버지. 아버지의 인생을 떠받쳐준 기반은 무엇이었을까?

또 많은 곳에서 나는 우리가 당연시하는 가치가 비민주적인 정권의 만행으로 말살당하는 것을 똑똑히 목격했다. 권력자의 정치에 동조하지 않았다는 이유 하나만으로 법의 판결도 없이 감옥에 갇힌 사람이 매우 많았다. 부모의 뜻을 거스르고 사랑을 따랐다는 이유로 돌에 맞아 죽는 여인도 보았다. 서로 사랑한다는 유일한 '범죄'로 갇히거나 사형 판결을 받는 젊은이들도 있었다. 언론을 통해 이미 아는 사실이기는 했지만 직접 두 눈으로 보고, 현장에서 마치 냄새를 맡듯 직접 느끼는 일은 나에게 강한 인상을 주었다. 모든 젊은

이는 세계를 여행하며 다른 인생을 경험해봐야 한다. 그럼 우리의 가치가 얼마나 소중한 것인지 자연스레 터득할 수 있다.

나는 이런 경험들이 직접적인 도움이 될 커다란 시련을 겪게 되리라고는 꿈에도 생각하지 못했다. 돌연 제2차 세계대전 이후 노르웨이의 형사재판 역사상 가장 세간의 주목을 끄는 사건을 맡게 되면서 이런 경험은 나의 생각과 행동에 결정적인 역할을 했다.

돌연한 시작

─ 테러리스트가 나를 변호사로 지목했다

7월 21일은 사람들이 꿈꾸는 여름날 같은 하루였다. 날씨
는 따뜻했고, 하늘은 구름 한 점 없이 파랬다. 인생이 더도
덜도 말고 늘 이랬으면 싶을 정도로 아무 근심도 없었다. 우
리 가족은 스웨덴에서 휴가를 보냈다. 나는 가장 어린 미Mie
와 뤼케Lycke와 함께 요트를 타고 집으로 돌아가는 중이었
고, 나머지 가족은 자동차를 타고 돌아갔다.

저녁에 우리는 프레드릭스타드Fredrikstad 항구에 도착했
다. 아이들은 잠들었다. 나는 커피 한 잔과 코냑 한 잔을 들
고 홀로 선상에 앉아 있었다. 가까운 어느 카페에서 울프 룬
델*의 '나는 툭 터진 전원이 가장 좋아(Jag trivs bäst i öppna

● 울프 룬델(Ulf Lundell: 1949~): 스웨덴 작가이자 록 가수이며 화가이자
시인이다.

landskap)'가 흘러나왔다. 내가 좋아하는 노래다. 나는 흥얼흥얼 따라 부르면서, 아직 밝은 여름날 밤하늘에 크고 노란 달이 떠오르는 것을 지켜보았다. 이런 것이 행복이다.

차분하고 평화롭다. 내년에 충분할 정도로 일을 맡았다는 든든함에 기분이 좋다. 너무 많지 않아 가족과 친구들과 시간을 보낼 수도 있다. 따뜻함이 느껴지는 여름날의 기쁨, 다른 요트와 육지 카페에서 사람들이 웃는 소리가 들려왔다. 이런 순간은 돈으로 환산할 수 없는 소중한 것이다. 나의 일상은 불확실함과 대립으로 점철되어 있기 때문이다.

17년 전 나는 인간이 누릴 수 있는 최고의 선물을 받았다. 나의 첫아이, 예쁘고 귀여운 딸, 2.85킬로그램의 행복이었다. 우리는 딸의 이름을 레베카라 지었다. 그러나 오래 가지 않아 우리는 딸아이가 뭔가 이상하다는 사실을 알아차렸다. 진단 결과 레베카는 심각한 근육 질병을 앓았다. 병 때문에 딸의 인생은 고통으로 얼룩졌다. 가족의 인생도.

요즘 레베카는 하루 24시간을 인공호흡기에 의존하며 정맥주사로 영양분을 공급받는다. 말을 하지 못하며, 여러 가지 장애로 괴로워한다. 레베카가 앞으로 얼마나 더 살지 우리는 알지 못한다. 우리는 헤아릴 수도 없이 많은 극적인 상황, 레베카의 호흡이 갑자기 멎는 등 위험한 일이 일어나는 상황을 이겨냈다. 의사들은 입을 모아 레베카가 열세 살까지밖에 살지 못할 거라고 예상했다. 지금 레베카는 열일곱 살이다.

딸을 지켜야겠다는 책임감과 함께 맛보는 지금의 평온은

황금보다도 더 소중하다. 가족에게 느끼는 사랑은 은행에 쌓아둔 재산 따위와 비교될 수 없다. 나에게 삶의 소중함과 인간의 가치를 가르쳐준 레베카를 생각하며 나는 행복감을 느낀다.

내 딸이 17년 동안 얼마나 많은 시련을 이겨냈는지! 그럼에도 딸은 나를 볼 때마다 미소를, 그것도 온몸으로 미소를 짓는다. 사랑은 측량할 수 있는 것이 아니다. 사랑은 그냥 따뜻하게 우리를 감싼다. 나는 이런 순간만큼은 긍정적인 감정만 생각하고, 병을 앓는 아이를 둘러싼 근심은 잊어야 한다. 물론 딸의 병으로 우리 가족이 여러 제한을 받기는 한다. 그러나 근심에만 사로잡혀 있다면 나는 프레드릭스타드 항구에서 누리는 이 기적과도 같은 여름 저녁 시간을 즐길 수 없다.

다음 날, 즉 7월 22일 금요일 나는 빗소리와 강풍 소리에 잠을 깼다. 항구를 빠져나오기 무섭게 높은 파도가 쳤다. 아이들은 요트의 운전석 아래 웅크렸다. 나는 막내를 밧줄로 꼭 붙들어 맸다. 우리는 빠른 속도로 오슬로 피오르를 항해했다. 나는 네소덴Nesodden과 아케르 브뤼게Aker Brygge 사이에서 갑자기 천둥치는 것 같은 소리를 들었다. 그런데 번쩍이는 빛을 보지 못해 묘하다는 느낌이 들었다. 바다에서 천둥치는 소리는 대수롭지 않게 여겨지게 마련이다.

잠시 뒤 나는 동료 토르 요르데트가 사무실에서 걸어온 전화를 받았다. 사무실은 정부 청사 구역에서 불과 몇 미터 떨어진 곳에 있다. 그는 흥분한 목소리로 엄청난 폭발이 일어났다고 말했다. 건물이 흔들렸으며, 불타는 파편들이 허공을 날았고, 정부 청사 구역에서 연기가 피어오른다고 했다. 그는 상황을 정확히 알 수 없어 불안하다고 했다. 물론 그는 이 폭발이 이후 이어진 수많은 충격적 체험 가운데 첫 번째일 뿐이라는 사실을 전혀 몰랐다.

나는 라디오를 켜고 폭탄 폭발이 일어났다는 첫 뉴스를 들었다. 그사이 요트는 아내가 이미 우리를 기다리고 있는 요트 클럽에 도착했다. 우리는 집으로 가기 위해 자동차를 타고 시내 중심부로 향했다. 도로에서 돌연 경찰 병력을 태운 차량 두 대가 경광등을 켜고 사이렌을 울리며 반대 방향으로 지나갔다. 나는 중심부에서 폭탄이 터졌는데 외곽으로 달려가는 경찰 차량을 보며 이상하다고 생각했다.

집에 도착한 나는 무슨 일이 일어났는지 알아보기 위해 텔레비전을 켰다. 방송에서는 우퇴위아 섬에서 일어난 사건 보도가 연이어 쏟아져 나왔고, 그 보도는 갈수록 끔찍해졌다. 우리는 이날 노르웨이의 대다수 가정에서 품었을 의문을 되풀이하지 않을 수 없었다. 이 작은 나라에서 도대체 무슨 일이 벌어진 걸까? 그리고 곧장 두려운 생각이 따라붙었다. 혹시 희생자 가운데 아는 사람이 있는 것은 아닐까?

나는 자녀가 우퇴위아에 있었을 법한 많은 사람을 알았다. 그래서 당장 전화통을 붙들고 안부를 확인하기 시작했다. 자네 아이는 어디 있나? 안전한가? 실제로 몇몇 친구의 자녀는 올해 여름 그 섬을 찾기는 했지만, 다행스럽게도 이날은 아니었다. 방송은 저녁 내내 긴급 속보를 보도했다. 대체 누가 그런 엄청난 짓을 저질렀을까? 배후는 누구일까? 혹시 우리나라에서 아프가니스탄에 군대를 파견한 것 때문에 알카에다가 복수한 것일까? 아니면 다른 국제 테러 조직이? 그렇지만 이내 범인이 노르웨이 사람일 가능성이 있다는 속보가 나왔다. 나는 할 말을 잃고 말았다. 아니, 어떤 악마가 그런 미친 짓을 벌였을까?

자정이 넘어서야 나는 잠자리에 들었다. 그때까지 확실한 소식은 우퇴위아에서 최소한 열 명이 사망했다는 것이다. 청소년 열 명이 총에 맞거나 익사했다! 어떻게 이런 일이 일어날 수 있을까? 얼마나 많은 사람들이 오슬로의 폭탄 테러로 목숨을 잃었는지는 아직 아무도 모른다. 사망자의 수는 전부 두 자릿수에 이를 모양이다. 바로 그 전날과 비교하면 얼마나 어처구니없는 대비인가. 나는 모든 것이 비현실적으로 느껴지기만 했다. 나는 불안한 마음으로 간신히 잠들었다. 다음 날은 무슨 일이 벌어질까?

다음 날 무슨 일이 벌어질지 알았더라면 나는 전혀 잠을 이루지 못했으리라.

7월 23일 토요일 이른 새벽, 나는 전화벨 소리에 잠을 깼다. 경찰관이 친절하지만 단호한 목소리로 자신을 소개하고는 내게 변호사 예이르 리페스타드 씨냐고 물었다. 나는 잠에 취한 목소리로 그렇다고 대답했다. 순간 나는 정신이 번쩍 들었다. 혹시 친구나 지인이 테러 공격으로 다치거나 심지어 죽었을까?

경찰관이 말했다. "우리는 테러 공격과 관련해 아네르스 베링 브레이비크라는 피의자를 체포했습니다. 그는 중무장을 하고 우퇴위아를 급습했으며, 자신이 정부 청사 구역에서 폭탄 테러를 하고 섬을 공격했다고 자백했습니다. 그는 선생님이 자신의 변호를 맡아주기 원합니다."

나는 놀란 나머지 할 말을 잃고 자리에서 벌떡 일어섰다. 마침내 나는 약간 생각해볼 시간을 달라고 부탁하고 되도록 빨리 회신을 주겠노라고 약속했다.

그러자 경찰관의 목소리가 다급해졌다. "이해합니다. 그러나 부탁드리건대 되도록 빨리 전화를 주십시오. 테러리스트는 다른 테러 조직이 세 개 더 있으며, 시내에 많은 폭탄들이 설치되어 있다고 주장합니다. 우리는 테러가 어디서 계속될지 알아내기 위해 한시라도 빨리 그를 심문해야 합니다. 그러나 그는 선생님이 이곳에 오지 않으면 묵비권을 행사하겠다고 합니다. 되도록 빨리 결정을 내리시고 수사본부로 와주시기 바랍니다. 너무너무 긴급합니다!"

나는 곧바로 전화를 걸겠다고 약속하고 끊었다. 그러나 나는 이미 마음속으로 결심했다. 그런 변호는 할 수 없다. 그냥 안 된다. 직업상의 평판이나 가족 상황으로 봐도 이 변호는 맡을 수 없다. 그렇지만 이런 것이 정말 거부의 근거가 될까?

도시는 불타고 있으며, 언제라도 새 폭탄이 폭발할 수 있다. 경찰은 내게 도움을 요청했다. 그런데 나는 그냥 이렇게 서서 너무 부담스럽다고 여긴다?

아니, 거절할 합리적인 근거는 없었다. 그러나 마음이 영 내키지 않았다. 아내와 상의해야만 한다. 지혜로운 아내는 올바른 관점에서 문제를 볼 줄 안다. 그녀는 대학 병원 간호사라는 힘겨운 직업을 가졌으며, 최근 다시 임신했다. 분명 그녀는 단호하게 안 된다고 하리라. 그럼 나는 이 문제에 대해 더는 생각할 필요가 없다. 또한 이것은 좋은 변명거리가 아닌가. 다음과 같이 말하는 거다. "아내가 원치 않습니다. 지금 저희 부부는 출산을 기다리고 있습니다. 아시겠죠, 상황이 어쩔 수가 없습니다." 등등.

아내는 벌써 일어나 뉴스를 보고 있었다. 그녀는 갑자기 큰 소리로 외쳤다.

"이건 국가적 재난이에요. 죽은 사람이 백 명이 넘어요!"

나는 거실로 내려갔다. 그리고 아내에게 경찰로부터 전화를 받은 이야기를 하면서 분명 아내가 안 된다고 말할 거라는 생각에 안도감을 느꼈다. 그러나 아내는 정반대의 반응을 보였다.

아내의 대답은 곧장 사건의 핵심을 파고들었다. "당신은 변호사 아니에요?"

"변호사요." 나는 우물거리며 대답했다.

"만약 그 남자가 중상을 입고 병원에 실려 온다면, 의사는 수술을 하고 우리 간호사는 그를 돌봐야 해요. 우리는 그가 누구인지, 무슨 짓을 했는지, 또는 왜 그런 일을 했는지 묻지 않죠. 그의 권리를 지켜주는 것이 당신의 직업 아닌가요?"

나는 아내에게 이 사건을 맡으면 어떤 부담을 줄지 분명히 일깨워주려 시도했다. 그 남자가 두 사건의 진범이라면, 변호를 맡는다는 것이 우리 가족 모두에게 엄청난 부담을 줄 수 있다는 것을. 오랫동안 우리 가족의 생활이 뒤죽박죽이 될 거라는 점도.

그러나 아내는 내 반론에 꿈쩍도 하지 않았다.

"당신은 변호사로서 해야 할 임무와 책임이 있어요. 직업에 충실하세요."

처음에 나는 아내가 무슨 일이 일어났는지 아직 분명히 깨닫지 못한 모양이라고 생각했다. 아마도 일종의 충격을 받아 아직 거기에서 헤어나지 못한 거라고. 그렇지만 오늘날 나는 아내가 처음부터 명확한 생각을 했음을 잘 안다. 아내는 복잡하게 생각할 것 없이 즉각적으로 직업윤리에 충실한 반응을 보여주었다. 간호사로서 가져야 할 직업윤리는 생명의 보호이며, 모든 인간의 가치를 지켜주는 것이다. 그가 무슨 짓을 했든 상관없이.

근본적으로 나도 익히 아는 사실이었다. 그러나 그때 그 순간만큼은 변호사로서 내 역할을 명확히 정리할 수 없었다. 어찌해야 좋을지 확신이 서지 않았다. 나는 집 밖으로 나가 차가운 아침 공기를 들이마셨다. 잠깐 산책하면 분명 머리가 다시 맑아지리라.

조용한 주택가를 한 바퀴 도는 동안 나는 사건을 거절해야만 하는 중요한 이유를 열두 가지도 넘게 떠올렸다. 나는 이미 내년에 많은 흥미로운 사건을 맡았다. 혼자나 가족 또는 친구들과 함께하고 싶은 많은 좋은 계획도 있다. 요트를 타고 여행을 하며 자전거를 타는 등 건강을 더욱 돌보고 싶기도 하다. 그리고 레베카에게 집중하느라 그동안 소홀했던 다른 아이들과 더 많은 시간을 보내고 싶다.

나는 도대체 왜 그 브레이비크라는 남자가 하필이면 나를 변호사로 지목했는지 이유를 알 수 없었다. 그동안 많은 대형 사건을 맡아보기는 했지만, 언론이 주목했던 사건은 단 한 건뿐이었다. 2001년 오슬로에서 베냐민 헤르만센Benjamin Hermansen을 살해한 네오나치 두 명을 변호한 사건이 그것이다. 그것은 노르웨이에서 인종차별 때문에 일어난 첫 살인 사건이었다. 내가 짐작했던 것 이상으로, 변호사로서나 인간적으로나 너무 힘들었던 사건이다.

무엇보다도 인종차별적 사고에 물든 의뢰인과 한편이 되는 것이 너무도 불편했다. 범인의 변호사라는 이유 하나만으로 마치 내가 그 불쌍한 청소년을 살해하거나, 그런 말도 안 되는 짓을 지원해준 것만 같은 기분을 지울 수 없었다. 나는 10대 청소년 두 명이 극우 이데올로기에 빠져 그 소중한 젊은 시절을 헛되이 날려버린 사실에 무척 안타깝고 우울했다. 만약 내가 그들의 아버지라면, 차라리 마약중독에 걸린 것을 더 낫게 여겼으리라.

극우적인 환경이 대량 학살범을 만들어놓았다면, 나는 다시금 이 범인을 변호하며 똑같은 재판을 또다시 치를 수 있을까 하고 자문했다. 나와 정면충돌하는 사고방식을 가진 남자를 변호하려고 힘을 써야 옳을까?

아니다, 다시금 아니다. 나는 경찰에 전화를 걸어 거절하겠다고 말하리라. 아내가 확신을 가졌다 할지라도 그녀는 임신 중이다. 지금 우리는 신경 써야 할 일이 차고 넘친다. 이 점만큼은 분명히 말할 수 있다. 내가 사건을 맡아야 할 유일한 변호사는 아니지 않은가. 나는 잘 지내고 있고, 만족한 인생을 살고 있다. 누구도 나에게 강요할 수 없다. 이번과 같은 사건을 맡겠다고 나설 변호사는 많다. 내가 범인이 지목한 유일한 후보라는 것은 말도 안 되는 이야기다.

그 밖에도 거절할 구실은 많았다. 내가 테러라는 거대한 사건을 다룰 어떤 전문적 자격을 갖췄는가? 제한된 능력을 가진 작은 법률 사무소를 운영하는 내가 돌연 나라 전체를 충격에 빠뜨린 드라마의 주인공 역을 맡는다? 그런 무모한 시도를 하다간 그동안 내가 쌓아온 모든 것을 단번에 무너뜨리는 결과를 빚을 수 있다. 이 사건은 형사법에서 산전수전 다 겪은 노련한 변호사가 맡아야 제격이다. 내가 이 사건을 맡는다는 것은 뻔뻔하기 그지없는 일이다. 이제 집으로 돌아가 경찰에 전화를 걸어 분명히 거절해야겠다. 그런 다음 가족과 함께 아침 식사를 하고 자유로운 하루를 만끽하는 거다.

나는 이런 결정이 조금도 잘못된 것이 아니라고 몇 번이고 되뇌면서, 실제로는 얼마나 이기적인 결정인지 깨닫지 못했다. 이렇게 혼란스럽기만 한 마음을 흔들어 변호사로서 본연의 임무에 충실하도록 결심을 바꾸게 한 것은 무엇일까? 아마도 두 이웃집 사이로 펼쳐진 오슬로 피오르의 툭 터진 전망이 반전의 계기였던 것 같다. 어쨌거나 나는 멈춰 서서 흘러가는 구름을 고스란히 담아낸 잔잔한 바다를 바라보았다. 바다가 너무도 잔잔해서 커다란 강을 보는 느낌이 들었다. 바다를 보는 동안 내 생각이 다시금 흐르기 시작해 다시금 변호사로서의 소명을 의식하는 길을 찾았다.

나는 무엇 때문에 법률가가 되고 싶었을까? 아버지의 빚으로 가족 전체가 거리로 나앉게 된 것을 부당하게 여겨서? 본래 나는 정의와 법 앞의 평등을 위해 싸우고 싶지 않았던가? 나는 내가 납득할 수 없는 것에 발을 구르며 화를 내거나 반항하기보다는 사회를 더 잘 이해하고 싶지 않았던가?

그리고 왜 같은 환경에서도 어떤 이는 범죄자로, 다른 이는 명예로운 시민으로 서로 판이한 길을 걷게 되는지 하는 물음은 어찌할 것인가? 내가 간절히 도움을 필요로 할 때 나를 흔쾌히 지원해준, 덕망 있는 검사가 저절로 떠올랐다. 그 검사 덕분에 나는 누구나 똑같은 권리(예를 들어, 변호사의 변호를 받을 권리)를 누릴 수 있는 우리 법체계에 무한한 자부심을 갖게 되었다. 이러한 법체계는 비용이 많이 들고 수고롭기는 하지만 법치국가와 민주주의를 지키기 위해 반드시 필요하다.

아마도 이런 상념이 법치국가의 작동 방식을 좀 더 깊게 통찰하게 만든 계기가 아닐까? 그리고 테러가 일어난 이때에 무엇보다 중요한 것은 두려움에 떨지 않는 태도가 아닐까? 나의 안전과 편리함에 전전긍긍할 것이 아니라 이런 때야말로 소매를 걷어붙이고 변호사로서 내 의무를 다해야 하지 않을까?

잔혹한 범죄를 저지른 남자가 내게 자신의 변호사가 되어주길 희망한다. 법치국가에 봉사하는 변호사로서 이 희망을 들어주는 것이 나의 의무가 아닐까? 뭔가 잘못될까 봐 전전긍긍할 것이 아니라 나는 내 임무에 최선을 다하는 것에 집중해야만 한다. 범행은 가공할 정도로 잔혹했으며, 그 해악은 가늠할 수 없을 정도로 크다. 그러나 모든 법적 사안에서 원칙은 똑같다. 그 원칙에 충실하면 된다. 이처럼 진리는 간단하다.

나는 집으로 돌아가 경찰에 전화를 걸어 되도록 빨리 가겠다고 말했다. 하지만 사건을 맡겠다는 확언은 하지 않았다. 먼저 브레이비크와 이야기를 나누고, 왜 그가 나를 자신의 변호사로 원하는지 물어야 한다. 내 역할과 그의 기대를 두고 몇 가지 분명히 해야 할 점이 있다. 내가 헤르만센 사건에서 배운 것이 있다면, 이런 사전 정리가 매우 중요하다는 사실이다.

경찰은 이해하고도 남는다고 말했다. 가장 중요한 것은 일단 내가 빨리 가야 경찰이 심문을 시작할 수 있다는 점이었다. 무엇보다도 경찰은 테러가 또 벌어질지 촌각을 다투며 알아내야만 했다. 아내는 현관을 나서는 나에게 행운을 빌어주었다. 아내는 내가 자랑스럽다고 말했다. 나는 아내의 전폭적인 지지를 받아 기분이 좋은 상태에서 수사본부 앞에 이르러 차에서 내렸다.

시내의 상황은 어수선하기만 했다. 여전히 곳곳에서 연기가 피어오르고, 헬리콥터 여러 대가 도시 상공을 순회하고 있었다. 그뢴란Grønland 경찰서 앞에는 기자들이 진을 치고 있었다. 방탄조끼를 입고 기관총으로 무장한 경찰들과 군인들이 경찰서 앞에 원형으로 포진했다. 이런 장면은 영화나, 테러가 일상인 먼 나라를 다룬 보도에서나 보던 것이었다.

나는 서둘러 교도소와 경찰서 사이의 잔디밭을 잰걸음으로 달려갔다. 하지만 이건 어리석기 짝이 없는 행동이었다. 정부 청사 구역의 절반이 폭발한 다음 날 깨끗이 면도한 대머리의 남자가 양복을 입고 테러 가능성이 있는 건물로 달려간다. 이 모습이 경비 병력에게 어떻게 비쳤을까?

중무장한 경찰관 다섯 명이 즉시 나를 세우고 무슨 일이냐고 물었다. 신분증을 꺼내 보이고 이곳에 온 이유를 설명하자 그들은 나를 경찰서까지 호위해주었다. 다행히 내 얼굴이 잘 알려져 있지 않은 상태라 기자들의 이목을 피할 수 있었다. 나중에 밝혀진 바에 따르면 기자 한 명이 나를 알아보았던 모양이다. 당시 누가 브레이비크의 변호를 맡을지 그만큼 세간의 관심이 뜨거웠기 때문이다.

경찰서에서는 나를 반갑게 맞았다. 나를 곧장 뒤쪽에 있는 방으로 안내한 것을 보니 내가 오기를 기다린 것이 분명했다. 그 방은 변호사가 의뢰인을 만나는 곳이었다. 공간은 10제곱미터가 채 안 되어 보였으며 오로지 책상 하나와 의자 몇 개만 있었다. 나는 자리에 앉아 이제 만나게 될 남자가 어떤 사람인지 상상해보았다. 아침에 모든 방송 채널에서 보도한 바에 따르면 그는 100여 명에 가까운 인명을 앗아간 사람이다.

많은 그림이 머릿속을 스쳐 지나갔다. 잠시 뒤 방에 들어선 남자는 그 어떤 그림과도 맞아떨어지지 않았다. 비교적 젊은 남자는 숱이 많지 않은 금발에 약간 잿빛이 감도는 푸른 눈을 가졌으며 약간 멋쩍은 듯 미소를 지었다. 악마라거나 괴물이라는 느낌은 전혀 들지 않았다. 그저 평범한 남자가 공손하면서도 힘 있는 악수로 인사했다. 수갑을 차고 있다는 것만 빼면 두드러져 보일 것이 전혀 없는 남자였다.

경찰관은 나에게 그의 수갑을 풀어줘도 좋겠냐고 물었다. 나는 그러라고 했다. 수갑을 풀어준 뒤 경찰관은 방에서 나가 문을 닫았다. 나는 벽에 달린 비상벨 단추를 보았지만, 그 순간 나의 안전이 전혀 걱정되지는 않았다. 그럼에도 노르웨이 역사상 아마도 최악의 대량 학살범과 이 공간에서 독대하고 있다는 것은 묘한 느낌을 불러일으켰다.

나중에 내가 분명하게 깨달은 점은 이 만남의 순간에 내 안전을 보장해준 것은 오로지 내가 자신의 변호사가 되어주기를 바라는 브레이비크의 희망뿐이었다는 사실이다. 그가 나를 만나자고 한 것이 일종의 함정일 수도 있다는 생각을 나는 전혀 하지 못했다. 아마도 브레이비크는 내가 변호했던, 베냐민의 살인자가 17년의 실형을 선고받은 것에 대해 나에게 보복할 생각을 품었을 수도 있다. 그는 내 이름을 인터넷에서 검색해보고 내가 사회민주당 당원인 것도 알아냈을지도 모른다. 그러나 첫 만남에서 나는 브레이비크가 전혀 두렵지 않았다. 그 이유는 무엇보다도 그의 평범한 외모 때문이었으며, 또한 나는 그를 인간으로 바라보기로 결심했기 때문이었다.

나는 그가 책상 앞에 앉기를 기다려 물었다. "제가 당신을 변호해주기를 바라는 이유가 무엇입니까?"

그는 헤르만센 사건을 살펴보면서 내가 좋은 변호사라는 것을 알았다고 답했다. 당시 그의 사무실이 나의 사무실과 같은 건물에 있었으며, 한 번 계단에서 마주친 적도 있다고 말했다. 아마도 그때 내가 그에게 명함을 주었나 보다. 나는 기억이 나지 않았지만, 그는 내 명함을 보관해두었다고 했다. 바로 이런 인연 때문에 그는 내가 자신을 변호해주었으면 하는 마음을 품었다고 했다.

이것은 내 질문에 대한 만족할 만한 대답이 아니어서 나는 또 이렇게 물었다. "혹시 제가 과거에 극우 성향의 범인을 변호했기 때문에 당신과 같은 견해를 갖고 있을 거라고 생각합니까?"

그는 잠깐 생각하더니 이렇게 답했다. "아뇨, 그렇게 생각하지 않습니다."

그런 다음 그는 자신의 행위를 어떻게 보느냐고 나에게 물었다.

나는 먼저 무슨 일을 했는지 말해달라고 부탁했다.

나는 이내 그가 실제로 정부 청사 구역에 폭탄을 터뜨렸으며, 곧바로 우퇴위아의 청소년들을 상대로 학살을 자행한 진범임을 확신했다. 그는 잔혹한 범행을 마치 일요일 소풍이라도 간 것처럼 떠벌렸을 뿐만 아니라, 자신의 행위에 대한 자부심도 고스란히 드러냈다. 그는 나에게 모든 행위의 동기는 정치적이었다고 설명했다. 자신의 행동은 거대한 전쟁의 작은 부분이라고도 했다. 그는 투쟁 동지들과 함께 사회민주주의를 상대로, 또 노동당이 노르웨이를 다문화 사회로 만들어버린 것에 저항해 전쟁을 벌인 것이라고 했다.

나는 내 귀를 의심하며 그의 이야기를 들었다. 그의 이야기는 섬뜩하기보다는 비현실적이라는 느낌이 더 강하게 들었다. 평범한 노르웨이 남자가 정치적 동기를 내세워 그런 짓을 하는 것이 가능할까? 나는 머릿속으로 유사한 사례를 찾아보았다. 지금 내 앞에 있는 남자는 알카에다가 아니다. 아마도 비슷한 사례를 찾으려면 북아일랜드의 IRA*나 독일의 적군파** 시절로 거슬러 올라가야만 하리라. 그렇지만 이런 테

---

* IRA(Irish Republican Army) : 북아일랜드의 지하 군사 조직으로 영국에 맞서 싸웠다.
** 적군파(Rote Armee Fraktion) : 1970년에 결성된, 서독의 극좌파 무장 단체다.

러 조직조차 브레이비크의 가공할 파괴 행위에 비하면 아마추어처럼 보일 뿐이다. 이 공손하고, 적어도 겉으로는 친절해 보이는 남자가 정말 그런 짓을 혼자 벌였을까?

어디서부터 시작해야 좋을까? 생각 같아서는 당장이라도 방문을 박차고 나가버리고 싶었다. 그러나 그런 행동은 아무에게도 도움이 되지 않는다. 나는 어떻게든 그와 간격을 분명히 해야만 했다. 정치적으로나 이데올로기적으로 그의 입장과 사회관과 나의 그것은 전혀 다르다는 점을 그에게 명확히 해주는 것이 중요했다. 나는 그의 범행이 이해할 수 없으며 너무 잔인해 보인다고 말했다. 그는 말없이 고개만 끄덕였다. 나중에 그는 자신이 잔인한 행동을 한 것은 맞지만, 꼭 필요해서 그랬다는 말을 끊임없이 되풀이했다.

그런 뒤 거의 자동적으로 내 입에서 다음과 같은 말이 흘러나왔다. 마치 내 안에 미리 프로그래밍이 되어 있었던 것처럼 흘러나온 말은 다른 사람의 목소리처럼 들렸다. "당신의 범행을 이해할 수 없다고 해서 변호를 하지 않겠다는 것은 아닙니다. 비록 당신의 범행이 혐오스럽고 당신의 인간관이 위험하며 현실과 거리가 멀기는 하지만, 당신의 법적 권리만큼은 전문적으로 지켜드리겠습니다."

그는 공손하게 감사하다고 말했다. 나는 간격을 더욱 확실히 해둘 필요가 있다고 느끼고 그의 생각에 어떤 식으로든 동조하지 않는다고 하면서, 지난번에 극우 성향의 의뢰인을 변호할 때도 무척 힘들었다고 강조했다. 내가 사회민주당 당원이라는 점은 이야기하지 않았다. 그러나 나는 그가 공격한 정당에 정치적 호감을 가졌다는 점을 분명히 했다. 또 그가 우퇴위아에서 살해한 청소년들이 품었던 이상은 곧 나의 이상이기도 하다고 힘줘 말했다.

브레이비크는 잠시 침묵했다. 나는 내심 그가 나의 변호를 거부해주기를 기대했다. 그럼 나는 속 시원하게 집에 갈 수 있지 않은가.

"그건 저도 이미 생각해본 부분입니다. 현 체제에서 혜택을 받는 사람이라면 누구나 노동당에 호감을 가지겠죠." 그가 말했다.

곧이어 우리는 재판 전체 과정 동안 서로 지켜야 할 점을 협의했다. 변호사와 피고인은 각자 자신의 영역을 지키는 것이 중요하다. 나는 오로지 법적 문제에만 신경 쓸 뿐, 정치 문제와는 거리를 분명하게 두어야 한다.

브레이비크는 이렇게 말했다. "그거야 아주 좋습니다. 저는 어차피 그 법치국가라는 것을 인정하지 않으니까요. 알겠습니다. 법만 신경 쓰세요. 저를 최선을 다해 방어해주세요, 저는 정치 프로젝트에 집중할 테니까요."

나는 말했다. "좋습니다. 저는 당신 '프로젝트'를 알리는 메가폰 노릇은 절대 하지 않을 겁니다. 그렇지만 어떤 상황에서든 당신의 법적 권리만큼은 최선을 다해 지켜드리겠습니다. 심문을 받을 때나 구금 상태, 특히 재판 과정에서 말입니다. 나는 당신이 받아 마땅한 형벌을 받도록 노력하겠습니다."

나는 이 정도면 좋은 출발점은 마련되었다고 생각했다. 그리고 합의만 지켜준다면 변호를 맡겠다고 말했다. 그는 고개를 끄덕였다. 우리는 악수로 합의를 확인했다. 이 상징적인 행동은 순전히 절차에 따른 것이었지만, 그래도 나는 많은 청소년을 살해한 사람과 손을 맞잡고 악수하고 있다는 꺼림칙함을 털어버릴 수 없었다.

나는 문으로 다가가 노크를 하며 제발 문이 빨리 열리기를 바랐다. 그러나 조바심을 낼 필요는 전혀 없었다. 문고리를 건드리기가 무섭게 문이 열렸기 때문이다. 방탄조끼를 입고 중무장한 경찰관 세 명이 문 앞에 서 있었다. 이날 두 번째로 나는 영화에 출연한 게 아닐까 하는 느낌이 들었다. 아침 여덟 시 반도 채 되지 않은 시각이었다. 앞으로 얼마나 많은 험한 꼴을 겪을까 생각하니 마음은 가볍지 않았다.

플래시가 터지는 한복판에서

— 자백은 있으나, 죄의식은 없다

취조실은 8층에 있었다. 대규모로 꾸려진 수사 팀이 준비를 마치고 기다리고 있었다. 수사관 한 명은 심문을 담당하며, 다른 경찰들은 그쪽에서만 들여다보이는 반투명거울 저편에서 심문을 지켜보았다. 상황은 긴박감이 넘쳐흘렀다. 모두 내게 오래 고민하지 않고 사건을 맡아줘서 고맙다고 했다.

내 역할은 무엇보다도 사건의 그림이 그려질 수 있도록 피의자의 진술을 귀담아듣는 것이었다. 물론 나는 의뢰인이 진술에 필요한 시간과 차분함을 충분히 보장받도록 하며, 허위 진술을 강요받지 않도록 해줘야 한다. 최신 취조 기법은 어차피 피의자가 기억나는 대로 자유롭게 이야기하게 내버려 둔다. 먼저 사건의 발생 과정을 시간대별로 확인해야 하며, 사건 해명에 도움을 줄 주변 일의 시간 관계도 알아보아야 한다. 먼저 사건이 일어난 시점을 정확히 확인해야 하며, 그런 뒤에 사건 수사에 필요한 다른 시점들도 확보해야 한다.

영화나 드라마에서는 경찰이 처음부터 피의자를 윽박지르며 현장에서 발견한 단서나 목격자 증언을 들이대는 식으로 심문하지만 실제로는 그렇지 않다. 그런 일은 심문이 어느 정도 이뤄진 뒤에야 일어난다. 개방적인 취조 전략은 수사관이 일단 사건의 대강을 그려보면서 피의자 또는 증인이 '이야기하지 않는 것'에 주목한다. 사건 발생의 세세한 점 중 침묵으로 숨기려는 것은 무엇이며 자신의 역할과 관련해 애써 감추려 드는 것은 무엇인가? 이야기에서 앞뒤가 맞지 않는 것은 무엇인가?

반투명거울 뒤의 팀은 자유로운 진술을 분석하며, 그때그때의 몸짓을 연구한다. 초기의 가장 중요한 과제는 사건의 과정을 되도록 자세하고 전체 맥락이 그려지게 진술하도록 유도하는 것이다. 나중 단계에 이르러서야 비로소 단서나 증언이 등장해야 한다.

나는 브레이비크에게 정말 자신이 한 일의 모든 것과 그 외에 계획했던 다른 살인을 이야기할 것인지 여러 차례 물었다. 그는 의심의 여지를 남기지 않겠다며 모든 것을 세세히 밝힐 각오가 되어 있다고 답했다. 동시에 그는 자신이 처벌받아야 할 잘못을 저지르지 않았다고 강조했다.

첫 번째 심문 결과 밝혀진 내용은 기괴했다. 기본적으로, 나는 변호사로서 의뢰인의 정보를 지켜줘야 할 의무에 충실하고 동시에 희생자와 그 가족과 모든 관련자를 배려하려면 그 내용을 어떻게 서술해야 할지 모르겠다. 어쨌거나 브레이비크는 첫 진술에서만큼은 다시 이야기해보라는 요구를 받지 않았다. 그가 무엇을 '이야기하지 않았는지' 하는 분석도 나오지 않았다. 또 그는 이날 변호사의 조력을 필요로 하지 않았다. 그는 차분하면서 여유 있는 태도로 어떻게 정부 청사 구역의 폭탄 테러를 계획하고 준비했는지 이야기했다. 그가 전쟁의 시작이라고 부른 것의 이데올로기 바탕이 무엇인지 설명하기도 했다. 그는 어떻게 필요한 사전 지식을 취득했으며, 어떤 부품들을 구입했고, 마침내 폭탄 제조에 성공했는지 그 과정을 묘사했다. 그는 솔직하고 자세하게 어떤 여행을 다녔고, 준비 과정의 각 단계에서 어디에 머물렀는지 이야기했다. 화학 물질과 무기 구매 및 돈 문제와 폭탄의 기술적 테스트로 걱정이 많았다는 말도 했다.

그는 한참 진술하다가 돌연 언제 점심을 먹는지, 될 수 있다면 피자와 콜라를 먹을 수 있는지 물었다. 그런 다음 그는 조금의 흔들림도 없이 어떻게 테러를 실행에 옮겼는지 묘사했다. 그 내용은 다음과 같다. 그는 흰색 배달용 차량을 고층 건물 앞에 주차하고 시한폭탄의 시계 장치를 가동했다. 어느 모로 보나 평범한 배달용 차량이어서 누구도 그를 주목하지 않았다. 경찰관으로 변복하고 정부 청사 구역을 빠져나오면서 폭탄의 폭발력이 충분할지 걱정했다.

수사관도 나도 이와 비견할 만한 진술을 들어본 적이 없었다. 자신이 저지른 범행을 이토록 거리낌 없이 자세하게 묘사하는 태도는 우리의 모든 예상을 뛰어넘었다. 그가 평소 무슨 생각을 하며, 어떤 심리 상태인지 들여다볼 수 있게 해주는 진술이었다. 나는 법리적 관점으로 생각해보려 시도했다. 법적으로 이런 진술은 어떻게 평가해야 좋을까? 이 사건에 기존의 법을 적용하는 것이 가능하기는 할까? 내가 사건의 해명을 위해 기여할 수 있는 점은 무엇일까? 나는 ㄱ의 진술을 하나도 놓치지 않으려 귀담아들으면서 마치 다른 세상에 온 것 같은 기분에 머리를 긁적이지 않을 수 없었다.

브레이비크는 점심시간에 왕성한 식욕으로 피자와 콜라를 먹은 다음 원하는 음식을 줘서 고맙다고 정중하게 인사했다. 그리고 그는 다음과 같이 이야기를 이어갔다. 그는 폭탄의 폭발력이 크지 않아 실망했다. 그는 폭발 뒤에도 모든 건물들이 여전히 그대로 서 있는 것으로 보아 사망자의 수가 의도했던 것보다 적을 것으로 추정했고 실망이 무척 컸다. 본래 그는 수백 명, 심지어 1,000명 정도의 인간을 살해하려 했다고 털어놓았다. 그래서 곧바로 그는 '플랜 B', 즉 우퇴위아를 실행에 옮겼다.

그의 말을 들으며 나는 모골이 송연해졌다. 지금 의뢰인의 진술을 듣고 있다는 것을 환기하기 위해 팔을 꼬집어야만 했다. 너무도 비현실적인 상황이었기 때문이다. 지극히 평범해 보이는 청년이 피의자 자리에 앉아 1,000명도 넘는 사람을 살해하려 했다고 천연덕스럽게 털어놓고 있다. 그의 목소리에서 분명하게 감지할 수 있는 것은 주도면밀하게 준비한 공격이 실패한 것에 대한 안타까움이었다. 그는 약간 이른 시각이었기 때문에 사무실에 사람들이 충분히 많지 않았다는 점에 화를 내면서, 더 큰 폭탄을 만들었어야 했다고 아쉬워했다. 마치 오랫동안 대회를 준비해온 스포츠 선수가 정작 대회에 나가서는 결승전에도 오르지 못했다고 안타까워하는 말투였다.

그러나 아직 최악은 아니었다. 다음으로 브레이비크는 우퇴위아에서 벌인 학살을 묘사했다. 수사관과 나는 생사를 다투는 이야기에 익숙했음에도 귀를 의심했다. 그가 대중을 상대로 무차별 사격을 가한 것을 자세히 묘사할 때, 자동적으로 나는 마치 취조실 밖에서 이 상황을 지켜보고 있는 것처럼 느끼기 위해 일종의 필터를 작동했다. 하지만 별소용이 없었다. 나는 내가 취조실 안에 앉아 그의 뻔뻔하고도 잔혹한 이야기를 고스란히 듣고 있다는 현실에서 벗어날 수 없었다.

그는 무방비 상태의 청소년들을 바로 지척에서 사격했다. 총을 맞은 청소년은 대개 즉사했다. 되도록 많은 청소년을 죽이기 위해 그는 도망가는 아이들을 향해 '정지 사격'을 했다. '정지 사격'이라는 표현은 브레이비크 자신이 한 것이다. 그런 다음 그는 범행 현장을 다시 돌며 쓰러진 청소년을 확실히 죽이기 위해 여러 발을 쏘았다.

그래도 그는 성에 차지 않다는 듯 우리가 요구하지 않았음에도 그 피비린내 나는 현장을 자세히 묘사했다. 한참 떠들어대던 그는 돌연 어조나 음색을 조금도 바꾸지 않고 예의 바르게 화장실에 가도 좋으냐고 물었다.

진술하는 동안 그는 여러 차례 '끔찍한 일'이라는 표현을 썼다. 마치 전쟁처럼 별로 내키지는 않지만 어쩔 수 없이 그 일을 해야만 했다나. 군인은 자신이나 다른 사람의 목숨이 달려 있을지라도 그런 것을 견뎌내야만 한다고도 했다. 폭탄 테러가 부분적으로 실패했고 자신이 너무 늦게 우퇴위아에 오는 바람에 총리를 역임한 그로 할렘 브룬틀란*을 살해하지 못해 그는 되도록 많은 청소년을 죽여야겠다고 결심했다. 청소년이 그의 사살 명단에서 그저 세 번째였다는 점 따위는 이런 결심을 막는 데 별 도움이 안 되었다. 1위는 사회민주당의 지도급 인물들과 다른 정치가들이었으며, 2위는 언론을 비롯해 각종 단체에서 사회민주당에 '협조'하는 사람들이었다. 3위는 1위와 2위 인물의 자녀들이었다.

여느 사람과 마찬가지로 나는(특히 2001년 9월 11일 뉴욕에서 벌어진 테러 이후) 테러리즘과 테러리스트를 이와는 좀 다르게 상상해왔다. 테러리스트는 그 광적인 믿음을 관철하기 위해서라면 어떤 경계든 무시하고 넘어서려는 종교나 정치의 극단 분자라고 말이다. 정부 청사 구역에서 폭탄 테러가 일어났다는 말을 듣자마자 그 주범으로 알카에다를 떠올린 사람

● 그로 할렘 브룬틀란(Gro Harlem Brundtland: 1939~): 노르웨이 여성 정치가. 세 차례 총리를 지냈으며, 세계보건기구 총장으로 활동했다.

은 결코 나만이 아니다. 알카에다의 소행으로 믿었던 이유는 노르웨이가 10년 가까이 아프가니스탄에 평화유지군을 파견한 것에 그들이 보복하려는 것이라고 보았기 때문이다. 아마도 서구의 '평화 강제'에 맞서, 그런 전쟁에서 아이들을 잃는다는 것이 어떤 것인지 보여주려고 우퇴위아에서 청소년들을 학살한 게 아닐까?

그러나 내가 지금 세계에서 가장 평화로운 대도시 가운데 하나인 오슬로의 경찰서 취조실에서 보고 있는 테러의 민낯은 노르웨이 국민, 오슬로에서 성장한 청년이다. 그는 우리의 맞은편에 편안한 의자에 앉아 있다. 분노로 이글거리는 눈빛이나 위협적인 몸짓 또는 언행도 없이. 수갑을 차지도 않고, 쇠사슬에 묶이지도 않은 채. 그는 평범한 손님처럼 여기 앉아 예의 바른 목소리와 차분한 태도로 어떻게 그런 잔혹한 테러를 저질렀는지 이야기한다. 그것도 제2차 세계대전 이후 노르웨이 국토에서 벌어진 가장 잔혹한 살상을.

아무튼 모든 예상을 보기 좋게 무너뜨리는 도무지 이해할 수 없는 범인이다. 이 남자와 그의 냉혹한 범행과 비견할 만한 것으로 나의 머리에 떠오르는 유일한 사례는, 나치스가 오슬로를 점령했을 때 본부로 쓴 빅토리아 테라세*에서 입가

● 빅토리아 테라세(Victoria Terrasse) : 오슬로의 대표적인 건축물. 1880년대에 지었으며 1913년부터 노르웨이 정부가 경찰서와 정치 사무실로 이용했다. 1940년 오슬로를 점령한 나치스는 이 건물을 게슈타포의 본부로 썼다. 오늘날에는 노르웨이 외무부가 이 건물을 사용한다.

에 미소를 머금고 숱한 희생자를 죽음으로 내몰며 고문했던 게슈타포 요원들이다.

브레이비크는 계속해서 어떻게 그가 우퇴위아의 건물들을 철저히 수색해 숨어 있는 청소년들을 찾아내 차례로 사살했는지 이야기했다. 그가 스스로 지어 입은 경찰 제복은 새로운 청소년을 만날 때마다 도움이 되었다고 했다.

그는 자신이 경찰이라고 하면서 보호해줄 테니 두려워하지 말라고 청소년을 안심시켰다. 그러나 확실한 사정거리 안에 들어왔다 싶으면 모두 쓰러질 때까지 총기를 난사했다. 이 모든 것을 브레이비크는 공원에서 산책한 이야기를 하듯 침착하고 평온하게 늘어놓았다. 그가 총을 쏘자 몇몇 희생자는 제발 살려달라고, 친구만큼은 해치지 말아달라고 애원했다는 말도 아무렇지 않게 했다. 그는 어떤 소녀가 한 말을 또박또박 되풀이하기도 했다. "제발 저를 살려주세요." 그는 그 소녀의 머리에 권총을 대고 쏘았다.

잠시 뒤 브레이비크는 취조 책임자에게 피자와 콜라를 더 먹을 수 있는지 물었다. 다시 배가 고프고 갈증이 난다면서. 먹는 동안 그는 자신을 다루는 경찰의 방식에 몹시 흡족하다는 말을 했다. 나는 그가 첫 번째 심문에서 이미 자신을 전쟁 포로로 표현했는지는 잘 기억나지 않는다. 그러나 나중에 재판 과정에서 그는 자신을 전쟁 포로로 대우해주길 바랐다. 전쟁 포로는 존중받고 품위 있게 다루어져야 할 권리를 가졌다면서.

브레이비크가 진지하게 걱정하는 것은 오로지 자신의 손가락에 생긴 작은 상처였다. 그는 장갑을 끼지 않은 손으로 너무 가까운 거리에서 총을 쏘는 바람에 희생자의 뼛조각이 튀어 상처가 생겼다고 주장했다. 상처가 곪을까 봐 두려우니 치료를 해달라고 부탁했다. 자신은 '군인'으로서 위생병의 돌봄을 받을 권리가 있다고 생각한 모양이었다.

이런 식으로 우리는 몇 시간 동안 아네르스 베링 브레이비크가 다문화 사회를 상대로 벌였다는 무용담을 들어야만 했다. 그는 어처구니없는 세계관을 내세우며 우리 노르웨이의 소중한 청소년들을 주적(主敵)으로 선포하면서, 도시에 잠복한 다른 테러 점조직이 계속 테러를 벌일 것이라고 으름장을 놓았다.

그가 다른 테러 조직을 언급할 때마다 우물쭈물 얼버무렸으므로 경찰은 분명 그런 조직이 존재할 가능성이 희박하다는 것을 알아차렸을 것이다. 어쨌거나 수사관은 이 점을 더는 파고들지 않았다. 아마도 경찰은 이미 결론을 내리고 그의 위협을 허풍으로 간주한 모양이었다. 그러나 무엇보다도 먼저 경찰은 그의 진술이 기괴할지라도 자유롭게 이야기하도록 내버려두는 전략을 구사했다.

브레이비크의 진술은 절대적인 효력을 가지는 자백이었기 때문이다. 그가 자신은 처벌받을 죄를 저지르지 않았다고 강조한다고 해서 자백이 효력을 잃지는 않는다. 그는 자신이 명령대로 행동하는 군인이라고 우겨댔다. 그러니까 비눗방울처럼 부풀려진 그의 세계관에서 브레이비크는 상관인 동시에 부하였다. 자신이 명령하고 스스로 실행에 옮기는 그런 명령 체계가 말도 안 된다는 점을 그는 깨끗이 무시했다.

중간중간 식사와 화장실 용무로 잠깐씩 중단되기는 했지만 취조는 저녁 6시까지 계속되었다. 그때가 되어서야 우리는 처음으로 좀 더 긴 휴식을 얻었다. 수사관들도 휴식이 꼭 필요해 보였다. 그들도 나만큼이나 지쳤으리라.

나는 복도로 나가 격리된 취조실 바깥의 소식을 알고자 휴대폰을 켰다. 변호인도 취조 동안에는 휴대폰을 꺼두어야만 한다. 혹시라도 정보가 누출될까 염려해 취해진 조치다.

취조가 이뤄지는 동안 뉴스를 접하지 못한 탓에 나는 희생자 수와 피해 규모의 최신 소식을 알지 못했다. 잠깐이나마 브레이비크의 병든 세상으로부터 벗어날 수 있다는 생각에 안도감을 느끼며 취조실 밖으로 나왔지만, 밖으로 나오자마자 맞닥뜨린 것은 온통 그의 소식뿐이었다. 다행히도 취조실 밖에서는 잔혹함에 자연스럽게 거리를 두고 이 사건을 대할 수 있었으므로 취조실 안에서 대하는 것과 같지는 않았다. 나는 이 사건에서 의뢰인과 일정 간격을 유지하는 것이 아주 중요함을 다시금 새겼다. 정치적으로나 이데올로기적으로뿐만 아니라 인간적으로도 거리를 두는 것이 반드시 필요하다.

늘 그렇듯 나는 먼저 레베카에게 무슨 일이 일어나지는 않았는지 문자 메시지부터 살폈다. 무슨 일이 있다면 당장 달려가야 하니까. 문자 메시지는 70~80통 정도 들어와 있었다. 대부분 기자들이 보낸 것이었다. 드디어 기자들의 추적이 시작되었다.

"리페스타드 씨, 브레이비크의 변호를 맡을 건가요? 오늘 아침 경찰서로 가는 당신을 누가 보았다고 하더군요. 이에 관해 한 말씀 해주시죠." 이런 식이었다.

나는 공식적으로 사건을 맡았으며 이미 변호 업무를 시작했다고 확인해주는 것이 좋겠다고 생각했다. 즉각 나는 일간지 《다그블라데트Dagbladet》에 단신을 보냈다.

"예, 사건을 맡았습니다. 리페스타드."

그런 다음 나는 휴대폰을 끄고 다시 보관함에 넣은 다음 취조실로 돌아왔다. 브레이비크는 섬에서 남은 생존자를 어떻게 추적했는지 이야기를 계속했다. 그는 자신이 벌인 작전 중 이 부분이 가장 힘들었다고 말했다. 그러나 그가 힘들었던 이유는 청소년을 불쌍하게 여기는 마음 때문이 아니었다. 생존자들이 섬의 이곳저곳에 흩어져 있어서 홀로 사냥하는 것이 힘들었던 것뿐이다.

그는 점차 혼자서 모두 해치울 수가 없음을 깨달았다. 특히 헤엄쳐 섬을 빠져나간 생존자를 사살하는 것은 어려웠다. 그는 많은 청소년이 육지 쪽에서 온 보트로 구출되는 것을 보았다. 그는 혹시 보트에 자신의 뜻에 동조하는 사람이 있을까 봐 총을 쏠 수 없었다.

또 브레이비크는 경찰이 곧장 투입될 것으로 예상했으나 투입이 늦어져 놀랐다. 이처럼 오래 무장하지 않은 사람을 상대로 작전을 벌이는 것을 계산에 넣지 않았다. 그래서 그는 여러 차례 직접 경찰에 전화를 걸었으나 언제 오느냐는 물음의 답을 얻지 못했다며 고개를 절레절레 저었다. 마침내 기동대가 육지에 나타났고, 그 압도적인 화력을 보고 그는 곧장 투항하기로 결심했다. 생포되는 것이 그의 목적이었기 때문이다. 생포되어야 싸움을 계속하며 자신이 꼭 전쟁을 벌여야 하는 이유를 세상에 알릴 기회를 얻을 수 있다고 믿었다.

당시 정황에 따르면 우퇴위아의 작전 성과는 그가 매우 만족스러워할 만한 것이었다. 비록 많은 청소년이 도망가거나 숨기는 했지만, 생포되는 소기의 목적을 이루었기 때문이다. 경찰은 과도한 폭력을 행사하지 않고 그를 체포했다. 체포한 다음에 경찰이 그를 다룬 방식에 관련해서도 그는 불평할 것이 없었다.

브레이비크의 병적인 묘사에 거리를 두어야 한다는 느낌이 여전함에도 나는 사람이 어떻게 저렇게 완벽히 돌아버릴 수 있는지 그 이유를 생각해보려 시도했다. 어떻게 저렇게 일말의 후회도 없이 자신의 범행을 진지하게 설명할 수 있을까? 그는 희생자에게 조금도 미안해하지 않으면서 중상을 당한 채 목숨을 구걸하던 장면을 이야기했다. 마치 모든 것이 계획대로 이뤄지지 않아 학살까지 저질러야 했던 그의 안타까움을 우리가 이해해줘야 한다는 듯. 그의 세계에서 중요한 것은 오로지 단 한 사람의 건재함, 곧 자신의 건재함뿐이었다.

우리가 인생을 살며 어떤 결정을 내릴 때 대개 직감 혹은 우리 안에 내재한 가치관이나 예전의 경험에 의존한다고 나는 생각한다. 나중에 이런 결정을 합리화하거나 의식적으로 결정을 내렸노라고 말하기는 쉽다. 우리는 이렇게 주장하며 합리적인 근거나 타인을 배려하는 자세로 결정을 내렸다고 사람들(특히 자기 자신)을 설득하고 싶어 한다. 하지만 현실은 다르다. 우리는 그저 자신의 욕구를 가장 잘 채워주는 해결책을 선택할 뿐이다.

나는 인간으로서 가장 어려운 결정을 내려야만 하는 상황에 직면한 적이 있었다. 레베카의 병이 너무 위중해서 딸아이의 생명이 꺼져가는 것을 그냥 지켜볼 것인지 아니면 남은 인생 내내 인공호흡기에 의존하게 할 것인지 결정해야만 했던 것이다. 다시 건강이 호전되어서 인공호흡기를 떼게 될 가능성은 전혀 없었고, 인공호흡기에 의존한다는 것은 더 많은 걱정과 불편을 뜻했다. 또 인공호흡기에 의존한다고 해서 훨씬 더 오래 산다는 보장도 없었다. 나는 무엇보다도 인공호흡기를 다는 것이 단지 결정을 미루는 행동일 뿐이라고 생각했다. 언젠가 결국 인공호흡을 중단하는 결정을 내려야 하기 때문이었다.

본래 나는 활력이 넘치는 사람이지만 그때만큼은 진이 다 빠져 거의 녹초가 된 기분이었다. 혹시 이기적인 이유로 인공호흡을 선택한 것은 아닐까? 딸아이를 더 오래 곁에 두고 싶어서? 인공호흡기가 딸아이에게 더 많은 아픔을 안겨주지는 않을까? 그저 인공호흡기에 매달려 꼼짝도 하지 못하는 인생이 딸아이에게 무슨 의미가 있을까? 회피할 수 없는 것을 미루기만 하는 것은 아닐까? 인공호흡을 하게 한다면 자연스럽게 죽게 놔두는 것이 갈수록 더 어려워지지 않을까?

나는 오랫동안 이런 물음들을 끌어안고 고민해왔다. 나는 이런 고민이 내가 다른 상황에서 결정을 내릴 때에도 영향을 준다고 믿는다. 중요한 결정을 제때 내리지 못해 다른 모든 사람들을 더 힘들게 만드는 일은 없어야 한다. 그러나 아무리 생각해봐도 인공호흡의 선택보다 더 어려운 결정은 없었다. 나는 기계에 의존해서라도 살아 있도록 결정을 내렸다. 생명이 붙어 있는 한, 희망도 있을 테니까.

아마도 나는 이런 이유 때문에 경찰이 처음 내게 전화를 걸어왔을 때 거절하고 싶었던 모양이다. 브레이비크의 사건은 내가 굳게 믿는 근본 가치들을 송두리째 뒤흔들었다. 그는 온전히 제정신으로 그 수많은 생명을 짓밟았다. 희생자를 말 그대로 죽음으로 내몰았다. 법과 정의를 깨끗이 무시하고. 이 남자와 나를 동일시할 수 있는 접점은 전혀 없다.

다른 많은 나라에서는 그에게 사형선고를 내리리라. 아마도 격식을 갖춘 재판도 없이. 더욱이 그는 자신이 저지른 범죄를 조금도 숨기지 않고 자백하지 않았는가. 그는 '국가적 해악'이므로 되도록 빨리 처형되었으리라. 일벌백계의 표본으로. 나는 그 많은 학살의 배후가 이 남자 하나라는 점이 분명해지면 많은 노르웨이 국민들도 처형을 원할 것임을 안다.

그 많은 생명을 파괴한 인간에게 무슨 살 권리가 있을까? 사람들은 그가 희생자에게 고통을 안긴 것과 똑같은 방식으로 그에게 고통을 주고 싶어 할 것이다. 눈에는 눈, 이에는 이로.

충분히 이해가 가고도 남는 생각이다. 사형 제도를 운용하는 많은 나라에서는 바로 이런 논리를 그 법적 근거로 삼는다. 그러나 우리 노르웨이 국민은 이런 나라들과 비교하는 것을 좋아하지 않는다. 바로 그 논리에 허점이 있기 때문이다. 살인자를 처벌하기 위해 그 살인자가 쓴 것과 똑같은 방법을 써야 옳을까? 그렇다면 우리는 살인자와 똑같은 가치관을 가진 것이 아닐까? 살인은 나쁘지만 살인자를 사형하는 것은 좋다? 살인자의 정신과 행위에 거리를 두지 않고 그의 행위를 고스란히 되풀이한다? 이런 식이라면 오히려 살인자의 행위를 정당화해주는 것이 아닐까? 죽이는 동기는 다르다 할지라도 살인이라는 방법이 정당하다는 것을 인정해주는 것이 사형이라는 제도다.

일찍이 브레이비크는 자신이 사형 판결을 받을 것이라고 생각한다고 말했다. 그러나 죽기 전에 먼저 전 세계에 자신의 메시지를 선포하고 싶어 했다. 어떤 세력은 사형당한 브레이비크를 순교자로 섬기며 그의 메시지를 계속 싸워달라는 호소로 받아들이리라. 사형이 더 많은 죽음을 불러올 수 있음을 보여주는 또 다른 예다. 사형은 비록 이데올로기의 차이는 크다고 할지라도, 살인자와 똑같은 가치관을 표현하는 꼴이 된다.

브레이비크는 살아 있다. 그는 생명을 유지하고자 하는 모든 사람이 행동하는 그대로 행동한다. 왕성한 식욕으로 먹으며, 갈증이 나면 마시고, 화장실을 가고 싶거나 피곤하면 휴식을 취하게 해달라고 한다. 지금 우리 앞에 앉은 남자는 그 정신세계는 비비 꼬였다 할지라도 우리와 똑같이 피와 살로 이뤄진 인간이다. 문득 나는 분명히 깨달았다. 생명이야말로 내가 변호할 의무가 있는 바로 그것이 아닌가? 브레이비크는 생명을 무시하고 파괴했지만, 바로 이 생명의 일부다.

비록 첫날이 미쳐 돌아가는 것처럼 보이기는 했지만, 생각이 이렇게 정리되면서 변호사로서의 내 역할은 점차 안정을 찾았다. 그리고 브레이비크의 병든 세계를 들여다보는 충격적인 경험이 없었더라면 그의 미친 생각과 행동이 노르웨이 사회의 근본 가치와 정면충돌한다는 점을 알기 힘들었으리라. 사건을 맡기로 한 결정은 옳았다. 다만 아직 갈 길이 멀다. 지금 이 시점에서 나는 의뢰인의 권리를 지켜주기 위해 무슨 말을 하고 어떤 행동을 취해야 좋을지 짐작도 할 수 없다. 일단 나는 그가 자유롭게 진술할 수 있는 분위기를 만들어줘야 한다.

만약 브레이비크가 자백하지 않았더라면 나는 어떻게 그를 변호해야 했을까? 이것은 내가 자주 품었던 물음이다. 그가 그냥 간단하게 모든 것을 부정하거나 엉뚱한 이야기를 지어냈다면, 경찰은 물론이고 검찰과 법원 모두 힘들어진다. 우리 변호인도 마찬가지다. 의뢰인이 거짓말을 하고 있다는 것을 알면 우리 작업은 대단히 힘들어진다. 의뢰인이 갈수록 더 많은 거짓말과 침묵의 거미줄에 말려드는 것을 옆에서 고스란히 보고 들어야만 하기 때문이다. 의뢰인이 잘못을 인정하고 범행을 후회하면서 형벌을 달게 받겠다는 각오를 보일 때에야 비로소 우리는 조금이라도 더 관대한 판결을 받고 장기적인 관점에서 좀 더 나은 인생을 살도록 도와줄 수 있다. 그렇지만 전혀 자백하지 않고 거짓말만 되풀이하는 의뢰인은 매우 많다. 이럴 때 변호인은 참 난처하다. 유죄임이 분명할지라도 의뢰인이 원하는 대로 그의 권리를 지켜줘야 하는 것이 변호인의 의무이기 때문이다. 이처럼 솔직하지 못한 의뢰인을 상대해야만 할 때 변호사로서는 가장 괴롭다.

대다수의 재판에서 피고인의 거짓말은 피해자 혹은 그 가족에게 더 큰 부담을 준다. 특히 폭력 사건의 경우 양측의 진술이 서로 충돌할 때 거짓말은 재판을 꼬이게 만든다. 피고인이 자신의 무죄를 강조하는 그만큼 희생자는 거짓말을 한다는 누명을 쓰게 마련이다. 동시에 재판부는 그만큼 더 사건의 세세한 내막을 파고들지 않을 수 없다. 굳이 공개되지 않아도 좋을 세세한 정황을 밝히는 것은 희생자에게 큰 부담을 준다.

변호를 받을 권리는 법치국가의 근본 원칙 가운데 하나다. 변호인은 누구도 죄가 없이 심판을 받거나 부적절한 판결로 고통받지 않게 기여해야만 한다. 변호인은 증거가 과연 타당한지 따져보고 증거로 말미암은 부담을 덜어줄 방법을 찾아야 할 의무가 있다. 변호인은 피고인의 입장을 대변해야 한다. 모든 의혹 제기가 피고인에게 도움이 된다. 심지어 세간에는 한 명의 무고한 사람이 유죄판결을 받는 것보다 아홉 명의 죄인이 무죄판결을 받는 것이 더 낫다는 속설마저 떠돈다.

변호인은 언제나 재판을 유리하게 이끌 만한 의혹을 하나쯤 찾아낸다. 변호사는 고소 내용과 경찰 수사를 꼼꼼히 검토해 반박할 줄 아는 재능이 있어야 한다. 심지어 탁월한 변호사는 자신의 죄를 자백하고 자신이 처벌받을 죄를 저질렀다고 인정한 피고인의 무죄판결을 이끌어내기도 한다. 물론 이런 경우는 아주 드문 예외이기는 하다. 경찰과 검찰이 맡은 바 소임을 훌륭히 처리했다면, 변호인은 파고들 허점을 찾기 힘들다. 그리고 경찰과 검찰은 대개 업무 처리에 소홀함이 없다. 이런 경우에 가장 중요한 문제는 형량이다. 피고인의 어린 시절이나 청소년기 혹은 다른 결정적인 체험이 형량을 낮출 계기가 되는 일은 흔하다. 이를테면 심신미약이라는 판결이 나면 범죄에 대한 책임을 질 능력, 즉 책임능력이 없다고 보아 형량이 줄어든다.

8시쯤 우리는 한 번 더 휴식 시간을 가졌다. 나는 다시금 휴대폰을 켜고 메시지와 메일을 읽었다. 맙소사, 수천 통의 메시지가 들어와 있었다! 나는 스크롤을 하며 계속 밑으로 내렸으나 도저히 다 살필 수가 없었다. 고작 두 시간 만에 이렇게 엄청난 양의 문자 메시지가 들어오다니! 전 세계의 사람들과 기자 이름들이 작은 화면 위에서 반짝였다. 미국의 'CNN', 영국의 'BBC', 미국의 《뉴욕 타임스New York Times》, 독일의 《빌트Bild》, 인도의 《타임스 오브 인디아 The Times of India》와 당연히 노르웨이 언론, 'NRK', 'TV2', 'VG', 'NTB', 《다그블라데트Dagbladet》, 《아프텐포스텐Aftenposten》 등등의 기자가 보내온 문자 메시지였다. 이 조그만 기기가 이처럼 많은 소식을 받아들이다니 나는 새삼 놀랐다. 두 시간 전에 《다그블라데트》에 보낸 문자 메시지가 전 세계로 퍼져나간 것이 틀림없었다. 나는 복도에 서서 쉴 새 없이 새 메시지를 클릭해보았다. 모든 메시지에 다 답을 주는 것은 불가능했다.

많은 개인들도 자판에 달려들었다. 대개 분노와 근심을 담은 표현이었으며, 심지어 협박에 가까운 것도 있었다. 나는 리페스타드를 살해할 수 있는 수많은 방법을 읽었다. 우리 노르웨이 사람들은 누군가에게 정말 화가 나면 그 증오 대상의 목을 치는 것만으로는 만족하지 않는다. 나는 헤르만센 사건을 맡았을 때도 똑같은 경험을 했다.

나는 사람들의 마음을 충분히 이해했다. 나는 테러리스트를 대신해서 분풀이 대상이 되었다. 테러리스트야 감방에 안전하게 있어 가까이 갈 수 없으니 내가 과녁이 된 셈이었다. 그리고 분노(물론 나를 향한 것이 아니라 테러리스트를 향한 분노)는 정당했다. 자선 행사와 사랑의 메시지는 우리가 공유하는 가치를 상기시키는 좋은 수단이다. 그러나 부정적인 감정과 생각을 분출하는 것 역시 중요하다. 분노를 속에 쌓아두기만 하면 언젠가는 걷잡을 수 없이 폭발하기 때문이다.

그날 취조가 끝났을 때 나는 여론의 엄청난 압력에 어찌 대응해야 좋을지 고심했다. 경찰은 저 바깥에 이미 한 무리의 기자와 사진기자가 나를 기다린다고 말해주었다. 그리고 뒷문으로 몰래 빠져나가 경찰차로 집까지 데려다주겠다고 제안했다. 그렇지만 춥다고 해서 바지를 입은 채 오줌을 쌀 수야 없는 노릇이 아닌가. 그런 꼼수는 문제를 그저 미루는 것일 뿐이며, 그렇게 하면 아마도 취재진을 집 앞까지 끌어들이는 결과를 낳으리라.

나는 정면으로 맞서기로 했다. 그렇지만 어떻게? 나는 취조 중에 들은 것을 말해줄 수 없다. 브레이비크가 자백하기는 했지만 자신이 처벌받을 죄를 저지르지는 않았다고 주장한다는 것 외에는. 나머지는 변호사가 지켜야 할 묵비 의무에 해당한다. 오로지 경찰만 더 자세한 내용을 발표할 수 있다. 경찰은 취조가 이뤄지는 동안 이미 여러 차례 언론을 상대로 브리핑을 했다. 나는 경찰이 어떤 정보를 공개했는지 짐작만 할 수 있을 뿐이다. 진부한 '노코멘트'는 아무 도움이 되지 않으리라. "피의자가 자백을 하기는 했지만, 죄를 인정하지는 않는다."라는 말도 하나마나다. 나는 의뢰인에게 그의 기대대로 행동할 수 없는 나의 입장을 분명히 밝혔던 것처럼, 여론에도 나와 의뢰인의 가치관이 서로 다름을 처음부터 분명히 해야만 한다. 그러나 대체 뭐라고 말한다?

내가 자제력을 잃고 의뢰인과 관련한 더 많은 정보를 흘릴수록 아직 공개되어서는 안 될 자세한 부분마저 밝힐 위험이 커진다. 그렇지 않아도 지금 많은 사람들이 나에게 좋지 않은 감정을 품는 마당에 그럼 나는 브레이비크를 비난하는 쪽이든 그에게 호감을 가지는 쪽이든 가릴 것 없이 증오의 과녁이 되고 만다. 마치 내가 의뢰인의 범행마저 옹호하는 듯한 인상을 주기 십상이다. 그러나 변호사가 의뢰인을 대변한다는 것은 전혀 다른 문제다.

그날의 취조가 끝나고 브레이비크가 감방으로 되돌아간 다음 나는 30분 가까이 창가의 음료수 상자 위에 걸터앉아 대체 무슨 말을 해야 좋을지 고민했다. 우선 떠오른 생각은 저 밖의 기자들이 자신의 호기심이 아니라, 국민의 알 권리를 위해 수고한다는 점이다. 나는 기자들을 향해 이야기하는 것이 아니라, 기자들과 함께 이야기해야 한다. 내가 하는 말은 매체를 통해 노르웨이 국민과 전 세계 사람들에게 전달되리라.

변호인으로서 일을 잘할 수 있기 위해 침착한 가운데 자유롭게 움직이려면 우선 나의 정확한 역할이 무엇이며, 왜 사건을 맡았는지 설명할 필요가 있음을 나는 분명히 깨달았다. 그리고 나는 브레이비크의 변호를 맡는 것 외에 다른 의도가 전혀 없다는 점을 언론과 국민이 납득할 수 있도록 행동해야만 한다. 본래 변호사는 법치국가를 떠받치는 기둥 가운데 하나다. 법치국가는 모든 국민이 무슨 일을 했든 상관없이 변호사의 변호를 받을 권리를 보장해준다.

지금까지 나는 동료와 지인으로부터 좋은 평판을 누려왔다. 심지어 헤르만센의 사건도 나는 별 탈 없이 치러냈다. 그러나 지금은 사정이 다르다. 대다수 국민은 나를 거의 혹은 전혀 모른다. 다시 말해서 내 이미지는 지금 무슨 말을 하느냐에 좌우된다. 저 바깥에서 기다리는 많은 기사들에게 내가 할 모든 말은 변호에 꼭 필요한 신뢰를 얻어내는 데 결정적인 역할을 한다.

문득 공포가 엄습했다. 내 의도가 통하지 않는다면 어떻게 할까? 내 말이 이해되지 않는다면? 그럼 지금껏 내가 쌓아온 모든 것이 무너지지 않을까? 최악의 경우에는 변호사라는 직업마저 잃지 않을까? 수많은 메시지를 스크롤하면서 나는 몇몇 의뢰인과 동료가 보내온 것도 보았다. 이들은 내가 많은 생명을 짓밟은 테러리스트를 변호한다는 것이 못마땅한 게 분명했다. 대개 예의를 갖추기는 했지만, 행간에 숨은 감정은 분명히 읽을 수 있었다. 이제 곧 몹시 바빠질 텐데 다음 약속을 지킬 수 있겠느냐고 노골적으로 묻는 의뢰인도 있었다.

취조실이 있는 8층에서 창을 통해 입구 쪽에 모여 있는 기자 무리를 내려다보았다. 기자들은 잔디밭을 가득 메웠다. 아무래도 경찰의 호의를 받아들여 뒷문으로 사라지는 것이 낫지 않을까? 나는 도대체 왜 이 사건을 맡았을까? 처음의 충동대로 거절했더라면 나는 가족과 함께 평온한 토요일 저녁 시간을 즐겼을 텐데…… 그 대신 지금 나는 점프대 위에 선 스키 점프 선수처럼 두려움에 떨고 있다. 왜 그냥 간단하게 거절하지 못했을까?

이런 물음들의 답은 근본적으로 간단하다. 나는 오늘 하루 동안 수도 없이 같은 물음을 되풀이하며 그 답을 나 자신에게 다짐해왔다. 언론의 압력이 매우 클 것이며, 세상과의 소통이 어려우리라는 점은 처음부터 분명했다. 그러나 길고도 힘든 하루를 보내고 맞은 저녁 시간이 되어서야 나는 이제 전 세계 언론 앞에 서야만 하며, 내 입에서 나오는 단어 하나하나가 내가 맡은 임무의 성패를 좌우할 것임을 똑똑히 의식했다.

지난밤 잠을 충분히 자지 못한 데다가 브레이비크의 광기 어린 진술에 충격을 받아 가뜩이나 어지러웠던 머리는 임박한 언론과의 만남이 불러일으키는 긴장 탓에 그야말로 터질 것 같았다. 아드레날린이 솟구치는 느낌이 이런 것일까. 온몸에서 소름이 돋았지만, 이상하게도 머릿속은 맑았다. 집중해서 전략을 짜내는 것이 중요하다. 누군가에게 조언을 받는 편이 좋지 않을까 하는 생각이 떠올랐지만 이내 떨쳐버렸다.

첫째, 나는 확실하게 통제할 수 있는 유일한 것, 곧 내 발언에 온전히 집중해야 한다. 둘째, 내 역할이 무엇인지 분명히 하는 것이 절대적으로 필요하다. 검사와 변호사가 감당해야 하는 역할이 다르다는 점, 그리고 의뢰인의 행동과 태도는 나의 그것과 확실히 다르다는 점, 이 두 가지를 나는 확실히 밝혀야 한다. 셋째, 이런 끔찍한 테러를 저질렀으며 100%

자백한 범인에게조차 어째서 변호사를 선임할 권리가 있는지 그 이유를 나는 설명해야만 한다. 넷째, 변호사를 선임할 권리는 노르웨이 법치국가를 떠받치는 주요 기둥이다. 따라서 국가는 이 남자의 법적 권리가 지켜질 수 있도록 수단과 자원을 제공해야만 한다.

나는 노란색 메모지에 몇 가지 키워드를 썼다.

'가치 문제 = 법치국가 + 민주주의'

그런 다음 나는 어떤 자세로 기자들 앞에 나설지 궁리했다. 다시 키워드 세 개를 써넣었다.

'품위, 침착, 솔직함.'

이 메모를 쓸 때만 해도 나는 이 쪽지가 재판의 전체 과정 동안 나와 함께하게 될 줄은 미처 몰랐다. 나는 나 자신과 내 동료들에게 우리의 직업적 소명을 환기하기 위해 거듭 이 쪽지를 보아야만 했다.

문을 빼꼼히 열기 무섭게 플래시가 번개 치듯 터졌다. 가장 먼저 방송사 기자들이 나에게 달려들며 융단 폭격을 하듯 질문을 퍼부었다. 이 순간만큼은 누가 옆에서 도와주었으면 하는 생각이 간절했다. 기자들과 나 사이를 막아주는 경찰이 있으면 얼마나 좋을까. 마침내 거친 파고가 잦아들고 내가 위의 네 가지 항목을 이야기할 수 있기까지 어느 정도 시간이 걸렸다.

나는 이후 30분 동안 같은 말을 얼마나 자주 되풀이했는지 모른다. 그렇지만 내 말이 통한다는 느낌은 분명히 왔다.

나는 브레이비크의 진술과 행동이 그가 보여준 세계관에서만 일어날 수 있는 것임을 일관되게 설명했다. 그리고 그가 자신의 법적 이해관계를 대변할 변호사를 요구할 권리가 있음을 간략히 밝혔다. 내 역할은 오로지 이것뿐이라고 나는 분명히 선을 그었다.

기자들은 당연히 비판적인 태도를 보였다. 공격적으로 나오는 기자도 적지 않았다. 특히 노르웨이 법체계를 익히 알지 못하는 외국 기자들은 이해할 수 없다는 반응을 보였다. 그러나 전체적으로 볼 때 나는 언론과의 이 첫 만남을 무사히 마쳤다고 말할 수 있다. 일관되게 기본적이고 가장 중요한 사안에만 집중하며 추측과 추론에 말려들지 않는 전략은 옳았다. 집으로 돌아가는 길에 머릿속에서는 내 목소리가 메아리처럼 울렸다.

집에 도착했을 때는 11시쯤이었다. 유감스럽게도 우리 가족은 이 토요일 저녁을 불안에 떨어야만 했다. 초저녁에 얼굴을 가린 몇몇 남자가 우리 집 정원에 숨어들어 계란과 토마토를 던졌다. 아내는 곧장 경찰에 신고해 보호를 요청했다. 경찰은 즉각 출동했다. 마당의 변압기 상자에는 누군가 "리페스타드, 우리는 당신이 누구인지 안다!"라는 문구를 페인트로 써놓고 하켄크로이츠*를 그려놓았다. 바로 옆집에 살던 형이 그림을 경찰에게 보여주었다. 그러자 경찰은 당장 덧칠

---

* 하켄크로이츠(Hakenkreuz): 나치스의 상징으로 쓴 갈고리 십자형의 휘장.

을 했다. 밤늦게 경찰은 내게 다시 한 번 전화를 걸어 이상이 없는지 물었다. 나는 경찰의 친절한 배려가 무척 고마웠다.

집 전화는 끊이지 않고 울려댔다. 결국 코드를 뽑아버리고 나서야 조용해졌다. 휴대폰에는 끝도 없이 문자 메시지가 들어왔다. 대개 거친 모욕을 담은 표현이었다. 물론 그 가운데에는 격려해주는 것도 없지 않았다. 방송은 거듭해서 내가 했던 말을 방영했다. 또 계속해서 입장을 묻는 문자 메시지를 보내왔다. 결국 나는 휴대폰을 꺼버렸다. 나는 아내와 이야기를 나누었다. 아내 역시 언론의 호들갑이 지나치다고 말했다. 휴가 여행을 떠났던 아이들 가운데 아직 돌아오지 않은 아이들은 이 혼란을 겪지 않아 그나마 다행이라는 생각이 들었다.

내 인생에서 가장 길었던 하루를 마치고 잠자리에 들었을 때 아내는 내가 사건을 맡아 자랑스럽다고 말했다. 그때까지 내가 모든 문제를 해결한 방식에 자부심을 느낀다고도 했다.

아내의 칭찬을 들으니 기분이 좋았다.

따돌림

— 우리 법체계를 옹호하다

이틀이 지나자 나는 대단했던 중압감이 천천히 줄어드는 것을 느꼈다. 실제 그랬던 것인지, 아니면 내가 익숙해진 것인지는 잘 모르겠다. 여전히 길게 이어지는 취조를 참관하며 나는 브레이비크가 자신의 범행을 대단히 세세하게 묘사하는 것을 들었다. 그동안 두 명의 수사관이 서로 교대하며 심문을 했다. 아마 경찰도 휴식이 필요했던 모양이다.

나 역시 어떤 식으로든 부담을 떨칠 필요가 있었다. 그러나 상황은 그럭저럭 견딜 만했다. 정확한 이유는 모르겠지만. 아마도 내가 내면의 필터를 갖추었거나, 늘 위기와 함께 살아온 개인적인 경험 덕에 내성이 생긴 듯했다. 어쨌거나 나는 그 소중한 젊은 생명들이 어떻게 살해되었는지 아는 까닭에 방송에서 희생자들의 장례식을 보았을 때 억장이 무너지는 아픔을 맛보기는 했지만 트라우마에 시달리지는 않았다.

아마도 나는 레베카와 함께 보낸 시련의 세월 덕에 단련된 모양이다. 나는 아침 일찍 출근해 하루를 보내는 동안 레베카가 더는 숨을 쉬지 않는다는 전화를 받는 일에 익숙해져 있다. 오늘 밤을 넘기지 못할 거라는 말을 얼마나 숱하게 들었던가. 그리고 이런 비상사태는 여전히 진행 중이다.

레베카가 인공호흡을 시작했을 때 딸아이의 상태는 한동안 몹시 나빴다. 목에 끼워 넣은 호흡관 탓에 목소리를 잃어버려 레베카는 자주 울었다. 그리고 격심한 우울증을 겪기도 했다. 딸아이의 삶은 의학적으로 관찰하면 좀 더 안전해진 것은 분명하지만, 전체적으로는 의심할 바 없이 힘들었다. 다시금 왜 이런 고통을 안겨야 할까 하는 생각에 나는 괴로웠다. 그냥 자연의 흐름에 맡겨두는 편이 더 나은 선택이 아니었을까? 그러나 레베카와 우리가 인공호흡기와 더불어 사는 법을 차츰 익혀가면서 몇 달이 지나자 레베카는 안정을 되찾았다. 우울함과 두려움은 사라졌으며, 내가 방에 들어설 때마다 레베카의 얼굴에 미소가 피어올랐다. 나는 살아 있다는 기쁨이 그 작고 섬약한 몸에 되돌아온 것을 보았다. 딸은 더 튼튼해졌으며, 수화를 배웠다.

이런 경험 덕분에 나는 우퇴위아 섬과 정부 청사 구역의 희생자 가족이 어떻게 지낼 수밖에 없는지 더 잘 이해했다. 자식의 생명보다 더 소중한 것이 있을까? 나는 삶이냐 죽음이냐를 선택하는 것보다 더 어려운 결단을 알지 못한다. 더욱이 자식이 이런 선택의 순간에 직면할 때 결정은 거의 불가능에 가깝다. 그야말로 하늘이 무너지는 충격을 경험하기 때문이다.

나는 우퇴위아의 생존자들이 친구를 살리지 못했다는 자책감 때문에 고통스러워하는 것을 잘 안다. 한 청소년은 법정에서 자신이 친구와 함께 헤엄쳐 섬에서 빠져나왔지만, 친구가 부상을 입어 더는 수영을 할 수 없었다고 진술했다. 이 청소년은 빠르게 뭍으로 헤엄쳐 가서 보트를 타고 흠씬 젖고 완전히 지쳤음에도 노를 저어 섬으로 되돌아가 친구를 구하려 했다. 그러나 친구는 이미 사라지고 없었다.

그날 오후 섬에서 캠핑을 하거나 휴일을 즐기다가 많은 생명을 구출한 사람들 역시 더 많은 청소년을 구조하지 못했다는 이유로 괴로워했다. 경찰과 구조대원도 마찬가지였다. 이들은 연이어 잘못된 결정이 내려지는 바람에 테러범을 막으려는 전술이 실패했음이 밝혀지자 더욱 고통스러워했다. 시스템이 실패한 것이지만, 개인들은 자신의 책임이라며 괴로워했다. 경찰과 구조대원으로 일하는 사람의 사명감은 그만큼 투철했다.

생사의 기로에서 결단을 내리라는 강요를 받으면 다른 모든 결정은 시시해지게 마련이다. 그까짓 거야 쉽사리 판단할 수 있다고 믿기 때문이다. 결국 나도 그런 이유로 이 사건을 맡았을 수 있다. 나는 브레이비크를 성공적으로 변호하느냐 하는 문제보다 훨씬 더 위중한 결과를 불러오는 결단, 즉 딸의 생명과 관련한 결단을 내린 적이 있었기 때문이다.

그럼에도 나는 사건을 맡을지 고민할 때 걱정했던 것이 현실이 되는 경험을 피할 수 없었다. 예를 들어 우리 가족이 엄청난 부담에 시달릴 것이라던 근심은 고스란히 현실이 되어 나타났다. 테러를 바라보는 분노와 혐오는 식지 않고 들끓었으며, 많은 부정적 감정이 나에게 쏟아졌다. 나는 제2차 세계대전 당시 최악의 매국노와 동일하게 취급되었으며, 멀리해야만 하는 인물 1호로 꼽혔다.

사회는 물론이고 가까운 주변에서도 분노의 태풍이 불었다. 내 동료 한 명은 화가 난 나머지 곧바로 법인 사무실 문에 붙은 자신의 명패를 떼어내고 나가버렸다. 다음 날 그와 이야기를 나누려 했더니 그는 거칠게 나를 밀치며 더는 나와 관계를 맺고 싶지 않다고 했다. 나는 그가 뭔가를 오해를 했다고 믿는다. 오랜 세월을 함께 일해온 동료의 오해는 무척 섭섭하고 안타까웠다. 그러나 그는 자신의 고집을 꺾지 않았다.

오랜 세월 내가 봉사해온 많은 의뢰인 역시 비슷하게 행동했다. 그들이 내 작은 법무법인의 역량을 두고 걱정하는 것이야 얼마든지 이해할 수 있다. 그러나 하룻밤 사이에 내가 신뢰받는 변호사에서 몹쓸 병에 걸린 환자처럼 따돌림을 당하는 것은 정말 견디기 힘들었다.

나는 텔레비전을 통해 희생자들을 추모하는 행사를 보며 모든 다른 사람과 마찬가지로 가슴이 찢어지는 아픔을 느꼈다. 그러나 나는 장미꽃 행진은 물론이고 다른 행사에도 참여할 수 없었다. 나는 감정에 쉽사리 사로잡히는 인간이다.

특히 긍정적인 체험에 쉽게 감동한다. 노르웨이 전국에 다시 피어오르는 유대감과 민주주의에 대한 흔들리지 않는 믿음이 그런 체험이다.

그러나 브레이비크의 변호사로 사건의 중심에 서 있다는 이유로 나는 따돌림을 당해 국가적 추모 행사에도 참여할 수 없는 인물이 되고 말았다. 무어라 말할 수 없이 막막한 외로움이 나를 사로잡았다. 이런 외로움은 내가 전혀 예상하지 못한 것이었다. 출근하는 길에 뒤에서 사람들이 이렇게 외치는 소리를 들었다. "감히 오슬로 거리를 자유롭게 돌아다녀?!" 홀로 방에 처박혀 지내라는 충고일까. 마음 같아서는 당장 돌아서서 소리 지른 사람을 부여잡고 나도 당신과 똑같은 충격을 받았으며, 깊은 슬픔을 함께하고 싶다고 말해주고 싶었다. 그러나 범인의 변호사로서 나는 그런 감정을 드러낼 수 없었다. 나는 전문가로서 처신해야만 했다.

언론의 압력은 조금도 줄어들지 않았다. 노르웨이 기자들은 상황에 맞게끔 훌륭하게 처신했다. 그러나 외국 언론의 몇몇 기자는 경계라고는 모르는 무뢰한처럼 굴었다. 어느 날 아침 막내가 2층 침실로 헐떡거리며 달려와 거실에 낯선 남자들이 있다고 말했다. 아래로 내려가보니 러시아의 보도 팀이 우리를 기다렸다. 그들은 초인종을 눌렀으나 아무도 대답하지 않아 그냥 문을 열고 들어와 거실의 사진을 찍었다고 말했다. 나는 당장 그들을 내쫓았다.

독일의 어떤 언론사는 전화를 걸어와 나를 둘러싼 이런저런 풍문이 떠돈다고 말했다. 나는 모든 것이 잘못된 정보라고 확인해주었다. 그러나 그 언론사는 그런 풍문을 바로잡는 보도를 해주는 조건으로 나에게 독점 인터뷰를 해달라고 요구했다. 나는 그들의 수작에 말려들지 않았다. 나는 언론이 나에 대해 무엇을 어떻게 썼는지 모른다. 전 세계 언론 보도를 일일이 확인했다면, 나는 업무를 전혀 볼 수 없었을 것이다. 일단 노르웨이 언론을 상대하기에도 벅찼다. 나와 친분이 있는 기자들은 이 사건을 다루기 위해서는 신뢰가 필요하다고 호소하는 우리의 메시지가 국민의 마음을 사로잡고 있다고 알려주었다.

어떤 기자는 외국에서 내 정치적 성향을 둘러싼 온갖 추측 보도가 쏟아져 나온다고 귀띔해주었다. 내가 두 번이나 극우 성향의 인물을 변호하기 때문에 생겨난 추측 보도라고 했다. 그 기자는 왜 내가 이 사건을 맡았는지 해명하는 것이 좋겠다고 조언했다. 물론 나에게 의구심을 품은 기자들은 주로 개인의 법적 권리를 등한시하는 국가 출신이었다. 그럼에도 극우 운운하는 비난은 대단히 불편했다. 나는 적을 가지는 일에 익숙하지 않았다.

우리 아이들이 경험한 상황도 쉽지는 않았다. 다행히 마침 방학이어서 몇몇 아이는 여행을 떠난 상태였으며, 나머지는 유치원이나 학교를 가지 않아 별다른 일을 겪지 않았다. 유치원이나 학교를 갔더라면 아이들은 분명 분노의 분위기로부터 자유롭지 못했으리라. 아이들은 당연히 친구로부터 숱한 질문을 받았으며, 기묘한 분위기에 시달리기도 했다. 또 그 사건 이후 아버지가 노르웨이 사회를 사로잡은 강력한 공동체 분위기에 녹아들지 못하고 어째 겉돌며 외로워한다는 점을 눈치채기도 했으리라. 그 당시 아이들은 비록 아무 말도 하지 않았지만 자신도 화가 났었다고 나중에 털어놓았다.

세 살 먹은 딸 뤼케가 방학이 끝나고 유치원에 갔을 때 우리는 다시금 사건이 우리 모두에게 강한 영향을 미친다는 사실을 확인했다. 다른 부모들이 입을 모아 우려를 표했다. 리페스타드의 자녀가 유치원에 오면 유치원의 안전이 위협받을 수도 있다는 것이 우려의 근거였다. 부모가 자식의 안전을 걱정하는 것이야 당연한 일이지만, 변호사라는 내 직업이 딸아이 유치원에 위험을 줄 수 있다는 걱정은 완전히 새로운 문제였다. 우리는 안전 문제를 경찰에게 맡기기로 합의했다. 이내 부모들의 흥분은 가라앉았다.

다행히 나는 친구는 물론 동료로부터 격려 전화도 받았다. 변호를 갓 맡았을 때 했던 통화 하나가 특히 기억난다. 나는 어떤 제약 회사의 사외이사였다. 노르웨이의 제약 회사에 좋은 평판은 대단히 중요하다. 회장은 나에게 전화를 걸어 앞으로도 함께 일했으면 좋겠다고 말했다. 가족과 주주들과 이야기를 나눠보았더니 모두 나를 지원하겠다고 입을 모아 말하더라고 했다. 물론 회장은 앞으로 내가 치러야 할 격무가 걱정된다고 했다. 그러나 그가 주로 걱정하는 것은 나의 개인적인 안녕이었다. 나의 가장 친한 친구의 아버지인 대법원 법률 연구관, 지금은 은퇴한 법관 역시 나에게 전화를 걸어 내가 무척 자랑스럽다고 말해주었다.

이런 격려는 중요하다. 대단히 중요하다.

여론에 나의 간단한 입장을 무수히 반복해 밝혔음에도 여전히 외부와의 소통은 지난한 문제였다. 사람들의 불만을 내가 어쩔 수는 없었다. 나는 불만을 충분히 이해하고 수긍했다. 이것이 내가 할 수 있는 전부였다. 많은 사람들이 나를 피했으며, 적지 않은 사람이 나를 미워했고, 심지어 어떤 사람은 죽으라고 저주를 퍼부었다. 사람들의 그런 반응을 두고 내가 뭐랄 수는 없었다. 그러나 소통하려는 노력만큼은 계속해야 했다. 완전히 수세에 몰리지 않으려면 나는 더 나은 전략이 필요했다.

더 나은 전략이 무엇일까 노심초사하고 있을 때 나는 전혀 기대하지 않았던 지원을 받았다. 지원을 해준 사람은 일간지《아프텐포스텐Aftenposten》의 정치부 기자 하랄 스탕헬레Harald Stanghelle였다. 나는 사전에 그와 아무런 이야기를 나누지 않았다. 그는 언론인으로는 처음으로 이 사건에서 법치국가의 원칙을 지키는 것이 얼마나 중요한지 썼다. 그는 전설적인 변호사 알프 노르후스°의 말을 인용했다. "최악의 범

● 알프 노르후스(Alf Nordhus : 1919~1997) : 노르웨이의 전설적인 변호사로 인권의 확립을 위해 노력한 인물이다.

죄자는 최고의 변호사를 요구할 권리가 있다." 그리고 기자는 여론 혹은 최소한 여론의 일부가 귀담아들어야만 할 논평을 했다.

"이 문장은 우리 사회에서 변호사의 역할이 어떤 것이어야 하는지 생각하게 만든다. 법치국가에서는 결과가 당연시된다고 해서 누구도 요식적인 재판과 허술한 변론으로 심판받아서는 안 된다. 많은 인명을 살상한 살인범이라 할지라도 그의 법적 권리를 보호해야 마땅하다. 살인범의 변호사는 그저 변호인 그 이상이다. 변호사는 법치국가에 종사하는 공복이다. 변호사 리페스타드와 그의 팀은 노르웨이 사회가 법치국가로 남도록 지켜준다. 베링 브레이비크가 파괴하려고 한 그 체계를."

사건을 맡으면서 나도 똑같은 생각을 했다. 여론의 지나친 적대적 반응 탓에 나는 이 논리의 합리성을 의심할 정도였으나 이 기사 덕분에 전환점을 찾았다. 나는 다시금 결의를 다졌다. 비록 언론이 계속해서 내 역할을 다른 눈으로 볼지라도.

이튿날 페이스북에는 변호사 리페스타드를 지원하자는 그룹이 페이지를 열었다. 저녁식사가 끝나자 내 아이들 미와 요세피네Josefine가 잔뜩 흥분해서 나에게 달려와 이 소식을 전해주었다. 3천 명이 이 그룹에 가입했다. 우리가 잠자리에 들었을 때 그 수는 2만 명으로 늘어났다. 다음 날 확인해보니

5만 명을 훌쩍 넘겼다.

일간지의 논평과 페이스북 그룹을 보고 감격하는 내가 가소로워 보일 수도 있다. 그러나 이런 감격은 내가 사건을 맡고 보낸 처음 며칠 동안 얼마나 지쳤는지 보여주는 반증이다. 내 기본적인 태도에는 변한 것이 없었다. 그러나 이런 응원 덕에 나는 새로운 활력과 용기를 얻었다.

인간은 사회적 존재다. 분노와 회의와 저항만 상대하는 것보다는 이해와 격려를 받게 될 때 일하기가 한층 더 쉬워진다. 무엇인가에 보탬을 준다는 느낌은 우리에게 힘을 주며, 우리가 하는 일이 옳다는 믿음을 준다.

나는 기자의 논평을 복사해 딸들 침대 옆 탁자에 놓아두었다. 딸들이 이 기사를 읽었는지는 모르겠지만, 적어도 보기는 했으리라. 어쨌거나 딸들이 평소 익숙한 이른바 '사회 관계망 서비스(SNS)'에서 한동안 아버지에 대한 욕설이 실린 것만 보다가, 처음으로 긍정적인 논평이 실린 것을 보는 것은 무척 중요했다.

가치관 소통

— 브레이비크가 공격한 바로 그것이 우리를 하나로 묶는다

주변의 모든 것이 무너져 내리고 자신이 올바른 결정을 내린 것인지 불안할 때, 중요한 것은 든든한 버팀목이다. 나는 다행히도 이런 버팀목이 있었다. 특히 내 아내는 몰아치는 파도에도 끄떡없는 바위처럼 든든했다. 또 내 친구들도 나를 응원해주었다. 또한 나는 법치국가라는 체계를 굳건히 믿었으며, 사람들에게 브레이비크가 변호를 받는 것이 중요함을 납득시킬 수만 있다면 모든 일이 잘 풀리리라고 생각했다.

그러나 아내도 항상 내가 기대한 만큼 나를 지원할 수는 없었다. 그 좋은 예가 첫 번째 대규모 국제 기자회견 이후 아내가 보인 반응이다. 7월 24일 일요일 나는 'BBC'와 'CNN'의 기자들과 외무부 건물 앞에서 인터뷰를 하기로 약속했다. 나는 오전 내내 기자회견 준비에 매달렸다. 국제 언론 앞에서서, 노르웨이뿐만 아니라 전 세계에 생중계되는 인터뷰를

하는 것이 아닌가. 어려운 물음들을 노르웨이어와 영어로 대답해야 하는 인터뷰는 커다란 압박으로 다가왔다. 집을 출발하기 전에 나는 아내에게 중계방송을 지켜보고 내가 영어로 정확히 표현하는지 살펴달라고 했다.

현장에 도착하자 한 무리의 기자와 사진기자가 외무부 앞에서 기다리고 있었다. 나는 'BBC'와 'CNN'하고만 약속을 했는데 왜 이처럼 많은 기자가 모였을까 의아하게 생각하며, 아마도 외무부 장관 요나스 가르 스퇴레Jonas Gahr Støre가 기자회견을 할 모양이라고 짐작했다. 그러나 기자들은 나를 향해 빗발치듯 질문을 쏟아냈다. 알고 보니 기자들은 오로지 나를 상대하려고 모인 것이었다. 두 방송사가 모든 동료 기자들에게 인터뷰를 통보했기 때문이다. 나는 이런 식의 인터뷰는 약속에 어긋나는 것이라 몹시 당황스러웠다. 나는 시간을 얻기 위해 임시 프레스센터가 마련된 구관으로 가자고 제안했다. 나는 되도록 천천히 걸었지만, 기자들은 나를 가만히 내버려두지 않았다.

나는 돌연 국제 기자회견의 중심에 선 것이다. 이런 상황에는 전혀 대비하지 못했다. 당황한 나는 그만 신중하지 못한 발언을 하고 말았다.

"The whole case indicates that he is insane(전체 사건은 그의 정신 건강 상태가 비정상임을 나타냅니다.)."

이런 발언은 전략적으로 해서는 안 되는 치졸한 실수다. 비록 첫 취조에 참관하고 이런 인상을 받았다 할지라도 변호인으로서 나는 의뢰인의 정신 건강 상태를 공개적으로 평가해서는 안 되기 때문이다.

또 하나의 문제는 외국 기자들에게 노르웨이의 법 운용 실제와 내가 맡는 역할을 설명하는 일이었다. 다행히 나는 법 문제만큼은 달달 외울 정도였으며, 노르웨이어로 말할 수 있어 속이 편했다. 그 밖에도 나는 노르웨이 기자들이 외국 동료들에게 노르웨이 문화를 이해하도록 도와준다는 인상을 받았다.

회견이 끝나자마자 나는 집에 전화를 걸어 아내에게 물었다.

"나 어땠소? 기자회견을 어떻게 봤소?"

아내의 대답을 나는 절대 잊지 못한다.

"기자회견? 아, 이런 세상에, 잊어버렸어요. 집에 할 일이 너무 많아서……."

순간 나는 약간 마음이 상했다. 앞으로 대중 앞에 설 때를 대비해 아내가 좋은 충고를 해주리라 기대하고 있었기 때문이다. 아내는 나중에 기자회견 녹화 방송을 보겠다고 약속했다.

저녁에 집으로 돌아온 나는 아내에게 녹화 방송을 보았느냐고 물었다. 그러나 아내는 보지 않았다. 할 일이 너무 많은 하루였다고 했다. 하긴 아이 일곱 명을 키우는 주부의 일상이 오죽할까. 그러나 남편이 전 세계를 상대로 한 방송에 나오는데……. 혹시 아내는 내가 사건을 맡아야 한다고 주장하긴 했지만 내 일을 그리 중요하게 여기지 않는다는 걸 보여주려 했던 것일까?

한동안 나는 아내가 나를 피하며 그 어떤 평가도 하지 않으려 하는 탓에 속이 상했다. 나중에야 나는 사안을 좀 다른 시각으로 보게 되었다. 아내가 나와 똑같은 정도로 이 일에 매달리지 않아야 우리는 힘든 이 시기를 큰 상처 입지 않고 이겨낼 수 있다. 아내는 의도적으로 세상에는 다른 일도 있다는 것을 환기했다. 간호사인 아내는 어려울 때일수록 건강하게 역할 분담을 할 수 있어야 한다는 점을 체득했다. 당시 나는 아내의 이런 깊은 속을 이해하지 못했다.

일상생활에 초점을 맞춰야 현실감각이 떨어지지 않는다. 가족, 아이들, 학교 외에도 해야 할 일은 무척 많았다. 아내는 자동차 타이어를 교체할 때가 되었다는 등 이런저런 집안일을 상기시켜주었다. 우리는 무엇보다도 레베카를 잊지 말아야 했다. 레베카는 집에서든 병원에서든 우리의 손길을 반드시 필요로 했다. 대단히 수고로운 일이었지만 나는 이 일이 우리에게 더 많은 에너지를 주었다고 확신한다.

앞에서도 말했듯 나는 우리가 중요한 결정을 내릴 때 합리적 생각보다 개인적 경험과 성향이 더 큰 영향을 미친다고 믿는다. 그러므로 그냥 쉽사리 가장 간단해 보이는 것으로 결정을 내리기 전에(하마터면 내가 7월 23일에 저지를 뻔했던 것처럼), 우리는 근본 가치와 평소 우리가 당연히 여긴 생각을 다시금 곱씹어봐야만 한다. 이럴 때 우러나오는 확신을 나는 '뚝심'이라 부른다. 뚝심을 발휘하기 위해서는 열린 감각과 충분한 용기가 필요하다. 뚝심이 항상 이성과 일치하지는 않는다. 뚝심과 이성이 비등비등할 때 우리는 몇 바퀴 돌며 신선한 공기를 마시는 산책을 해야 한다. 이렇게 해서 내린 결정의 대부분은 오로지 한 측면에만 매달려 내린 결정보다 훨씬 더 낫다.

결정을 내렸다면 우리는 다시 이성에 통제를 맡겨야 한다. 항로가 정해지면 선장은 항해사에게 명령권을 넘겨주듯. 항해사는 항로를 지키며 상황에 맞게 속도를 조절한다. 마찬가지로 변호사는 목표에 도달할 전략과 계획을 짜기 위해 법적 지식과 이성이 필요하다.

이런 식으로 해야 폭풍우가 몰아치거나 바람 한 점 없는 상황을 헤치고 안전하게 항해할 수 있다. 자신이 올바른 길을 가고 있다고 확신하는 한, 우리는 많은 짐을 감당할 수 있다. 무엇이 근본 토대인지 분명히 해두고 항로를 정해두면 목표가 항상 마음속에 있기 때문에 행동의 자유가 그만큼 더 커진다. 연주자가 박자와 화음 감각을 잃지 않는 한, 재즈 즉흥곡이 무한한 가능성을 보이는 이유가 달리 있는 게 아니다.

나는 브레이비크의 변호사로 내 근본 토대가 든든하다고 느꼈다. 첫 주의 목표는 명백하고 단순하며, 내 결정을 떠받치는 근본 가치와 일치했다. 그 내용은 다음과 같다. 나는 민주주의의 법체계가 가지는 의미를 분명히 밝혀야만 한다. 나는 의뢰인의 행위와 그 사상을 전혀 찬성하지 않는다는 점과,

그렇지만 그의 법적 권리를 대변하기 위해 최선을 다할 것이라는 점을 확실하게 해야만 한다. 동시에 나는 브레이비크가 자신의 행동을 정당화하는 덫에 걸려들지 않으면서, 단계적으로 차분하게 그가 왜 이런 짓을 벌였는지 밝혀내야 한다.

언론이 주는 압박감은 줄어들 줄 몰랐다. 나는 자극적인 정보에 매달리는 선정성이 아예 없지는 않겠지만 그보다는 테러에 놀란 노르웨이 국민 전체 혹은 유럽 전체가 사건과 관련한 진짜 정보를 알고 싶어 하는 마음이 그만큼 간절하다는 것을 이해했다. 나는 브레이비크가 왜 그런 일을 저질렀는지, 어떻게 그처럼 무방비로 테러가 일어날 수 있었는지 하는 의문을 가지지 않은 사람을 단 한 명도 본 적이 없었다. 그리고 사람들은 내가 범인에 가장 가까이 있다고 생각했기 때문에 끊임없이 나에게 질문을 던져댔다.

나는 소통 전문가는 아니지만, 몇 가지 간단한 기본 규칙을 따르기로 결심했다. 우선 솔직해야만 한다. 그리고 되도록 많은 정보를 전해주되, 너무 많아서는 안 된다. 지나친 정보 공개는 수사를 어렵게 할 뿐만 아니라, 변호사가 지켜야 할 의뢰인 비밀 보호 의무를 위반함은 물론이고 희생자 가족에게 상처를 줄 수도 있기 때문이다. 나는 변호사협회의 윤리 규정에 따라, 의뢰인과 변호사 사이의 명확한 역할 분담을 해야만 한다.

첫날부터 몇몇 기자는 왜 내가 벌써 두 번째로 극우 성향의 범인을 변호하는지 의혹을 제기하기 시작했다. 혹시 당신의 성향도 극우인가? 이런 터무니없는 비방부터 막아야 했다.

나는 독특한 표현 방식을 고르되 그때그때 쓰는 단어에 변화를 주어 상투적인 느낌이 들지 않도록 했다. 브레이비크의 행위와 사고방식을 논평할 때마다 나는 나의 행위와 사고방식이 그와는 확연히 다름을 부각했다. 이를테면 이런 식이었다. "그는 자신의 머릿속에서 이 사건을 이렇게 체험한 것으로……."

또는 이렇게 말했다. "그는 일반인이 수긍하기 어려운 세계관을 가졌습니다. 그 이유는 무엇보다도……."

다음과 같은 변형도 있었다. "그는 완전히 다른 세계에서 삽니다. 이를테면……."

이렇게 바꾸기도 했다. "그의 세계관은 전혀 다른 맥락을 가지고……."

나는 브레이비크가 2012년 9월 7일 오후 마침표를 찍어주기까지 재판의 전체 과정 내내 이런 줄타기를 해야만 했다. 그러나 소통의 분명한 원칙을 정해둔 덕분에 나는 쉽게 균형을 잡을 수 있었다.

그 밖에도 나는 압박을 받을 때 쉽사리 빠질 수 있는 함정, 즉 사건이 나 자신과 가족에게 주는 개인적 부담을 주저리주저리 늘어놓는 함정을 피하려 노력했다. 나는 대중에게 동정심을 구해야 할 이유가 손톱만큼도 없었다. 나는 아내와 협의한 후 의식적이고도 자발적으로 사건을 맡았다. 동정을 유발하거나 자기 연민의 낌새를 내비치는 일은 내 결정의 근본을 이룬 가치관을 송두리째 뒤흔들 수 있다. 그럼 나는 어떻게 변호사로서 신뢰를 호소할 수 있을까?

가치 소통은 공동의 근본 가치가 무엇인지 일깨워준다. 노르웨이라는 국가를 떠받치는 근본 가치는 바로 우리 민주 시민에게 보장된 기본권이다. 브레이비크는 정확히 이 기둥을 공격하고 파괴하려 들었다. 그의 비틀리고 기이한 생각의 윤곽을 잡아나가면서 그것을 공동의 근본 가치와 대비시켜볼 때에야 비로소 나는 이런 가치를 보호하는 것이 얼마나 중요한 일인지 대중에게 효과적으로 알려나갈 수 있다.

다행히 나는 단 한 번도 신뢰의 진공 상태에 빠지지 않았다. 테러라는 문제에서 법치국가가 결국 승리할 수 있게 공을 세운 것은 내가 아니다. 그 공은 경찰과 검찰 그리고 법원에 돌아가야 마땅하다. 경찰과 검찰과 법원은 이런 근본 가치를 의식 깊숙이 내면화했다. 정치가들 역시, 특히 테러 공격을 자신의 정당만이 아니라 노르웨이 사회 전반을 겨눈 공격이라고 천명한 총리 옌스 스톨텐베르그*는 이 승리에 기여했다. 마찬가지로 'AUF' 소속의 젊은 여인이 발언한 다음 내용은 전 세계 언론의 지면을 장식했다. "어떤 남자 한 명이 이처럼 거대한 사악함을 저지를 수 있다면, 생각해보세요, 우리가 함께 힘을 모은다면 얼마나 큰 사랑을 일궈낼 수 있을지!"

● 옌스 스톨텐베르그(Jens Stoltenberg : 1959~) : 노르웨이 정치인. 두 차례 총리를 역임했으며, 2014년 3월부터 북대서양조약기구의 수장을 맡은 인물이다.

언론 역시 이런 가치를 중개해주는 일에 망설임이 없었다. 언론인의 근본 가치는 우리의 근본 가치와 다르지 않기 때문이다. 이런 모든 노력이 국민에게 커다란 반향을 불러일으켰다.

이 모든 노력이 하나가 되어 최고의 가치 소통을 이루어냈다. 모두 이해하고 인정하는 근본 토대에 충실해 공감을 이끌어냈기 때문이다. 우리는 공통의 기반이라는 좋은 느낌을 만들어냈다. 이런 공통의 기반은 서로 다른 의견을 너그럽게 관용할 수 있게 해준다.

기본적으로 나의 메시지는 노르웨이 전국에서 장미꽃 추모 행렬에 참가한 수많은 국민의 메시지와 같았다. 국민은 모두 나와 같은 감정을 표현했다. 그렇지만 사건을 맡은 처음 며칠 동안 나는 내 메시지를 전달하기가 힘들었다. 물론 브레이비크의 변호사로서의 내 역할은 복잡했다. 내가 분명하게 그와 거리를 둔다 하더라도, 나는 어쩔 수 없이 그의 견해를 대변하는 역할을 해야 했기 때문이다.

나중에 나는 변호인의 역할을 정확히 아는 사람이 극소수임을 깨달았다. 많은 사람들은 무의식적으로 나를 의뢰인과 동일시했다. 또 변호사의 역할을 잘 알 만한 사람들조차 처음에는 충격과 슬픔에 사로잡힌 나머지 감정에 이끌려 행동했다. 나 역시 이런 특별한 역할을 맡지 않았더라면 분명 감정에 이끌려 행동했으리라.

그럼에도 채 사흘이 지나지 않아 《아프텐포스텐》의 기사로 분위기 반전이 일어나고 나를 지원하려는 페이스북 그룹이 결성된 것을 보며 나는 민주주의와 법치국가의 원칙이 노르웨이 국민의 의식에 깊이 뿌리내렸음을 실감했다.

그런데 사실 변호인이 의뢰인의 행위 탓에 비난을 받는 것은 새로운 현상이 아니다. 유명한 변호사에 대해 예전에 쓴 글(심지어 사법 규칙을 환히 알고 있는 범죄 전문 기자가 쓴 글)을 보면, 그때보다 지금 세상이 한 단계 더 발전했다는 생각이 든다. 언론의 윤리적 책임 의식 역시 예전보다 강해졌다.

유감스럽게도 내 동료들 가운데 몇 명은 내가 오로지 인기를 노리고 브레이비크의 변호를 맡았다고 여겼다. 사건을 직접 맡지 못해 속이 상했던 걸까? 또는 내가 언론의 주목을 한 몸에 받는 것에 질투를 느꼈던 걸까?(대부분의 다른 사건들은 오랫동안 7월 22일 사건의 그늘에 묻혔다.)

인기를 얻고자 하는 것이 동기였다면, 나는 이 사건을 절대 맡지 않았으리라. 오히려 반대로 나는 대중의 질타를 받는 게 아닐까 두려웠으며, 심지어 사건으로 말미암아 내 법무법인이 파멸할 수도 있지 않을까 걱정했다. 처음에 그런 징후는 분명 있었다.

언론의 주목은 피할 수 없는 것이었다. 브레이비크는 공개적으로 나설 수 없기 때문에 기자들을 상대하는 일은 내 몫이었다. 기자들은 테러리스트를 나보다 더 잘 아는 사람은 없다고 믿었다. 말하자면 나를 테러 전문 변호사로 여긴 셈이다. 그러나 이 일은 좋아서 맡은 것이 아니었다. 특히 사건 수임 초기에 피고인의 법적 권리를 설명해야 했을 때 나는 무척 괴롭고 힘들었다. 그래서 기자들과 자주 만났던 것인데, 그것 때문에 내 동기를 의심한 모양이다.

바람의 방향이 바뀌고, 심지어 어떤 사람이 "상대적으로 잘 알려지지 않은 변호사가 이런 일을 맡는 것은 상당히 용감한 행동이다."라고 언급했을 때, 비로소 모든 것이 좀 더 쉬워졌다. 그렇다고 해서 여론을 상대로 하는 나의 소통 작업에서 변한 것은 없었다. 나는 무슨 일을 하고 어떤 말을 하든지 내 작업의 가치 토대를 이해받으려 노력했다. 긴장이 누그러지고 내 메시지가 대부분 언론을 통해 전달되고 나서야 비로소 의뢰인과 법치국가를 위해 일할 수 있는 여건이 마련되었다.

동시에 다른 깨달음도 무르익기 시작했다. 그 깨달음은 '나혼자서는 이 일을 해낼 수 없다!'라는 것이었다. 지금까지 나는 친한 동료들과 의견을 주고받기는 했지만, 실질적인 일 처리는 오로지 홀로 해야만 했다. 아침부터 저녁까지 업무에 매달렸지만 눈코 뜰 새가 없을 정도로 바빴다. 그럼에도 나는 유례를 찾을 수 없는 마라톤 재판의 출발점에도 서지 못한 상태였다. 범인 때문에 그런 것은 아니었다. 그는 단독 범행을 저질렀으며, 그가 주장하는 다른 점조직은 존재하지 않는다는 점이 갈수록 분명해졌다. 그러나 테러의 규모가 엄청나고 희생자 수가 너무 많아 나는 첫 심문 이전부터 잘 아는 동료 토르 요르데트의 도움을 받았다. 그러나 동료의 수임료까지 챙겨주기에는 내 예산이 턱없이 부족했다. 걱정이 된 나는 일요일인데도 법원에 전화를 걸어 도움이 필요하다고 말했다. 법원 측은 충분히 이해가 된다면서 곧장 필요한 지원을 해주겠다고 동의해주었다.

이로써 까다롭기는 하지만 대단히 훌륭한 팀 작업의 출발점이 마련되었다. 1년 이상이 걸린 이 재판에서 우리는 오로지 몇몇 변호사에게만 허락된 과제에 매달렸다.

팀 결성

— 신뢰, 전문성, 동기부여

토르 요르데트에게 재판은 상당히 가혹하게 시작되었다. 그 재판은 7월 25일 예심판사 앞에 서야 하는 것이었다. 우리는 비교적 외진 곳에 주차하고 법원까지 걸어갔다. 이 시점에서 내 얼굴은 아직 잘 알려지지 않아 우리는 일단 별 탈 없이 성난 군중 사이를 통과할 수 있었다. 법원 앞에 모여든 군중은 천 명까지는 아니라 할지라도 족히 몇백 명은 되어 보였다. 군중은 무엇보다도 지하 주차장으로 들어가는 경찰차 한 대를 집중적으로 에워싸고 욕설을 퍼부어댔다. 브레이비크가 거기 타고 있다고 짐작한 모양이었다.

본격적인 소동은 법원 계단 앞에서 시작되었다. 기자들과 구경꾼이 워낙 밀집해 있어서 우리는 시간을 정확히 지키기 위해 사람들을 밀치며 앞으로 나아가야만 했다. 그런데 돌연 누군가 나를 알아보았다. 분위기는, 신중한 표현을 고르자면, 돌연 후끈 달아올랐다. 사람들은 우리를 향해 고함을 질러댔다. 사랑, 민주주의, 법치국가와는 전혀 관련이 없는 단어들이 쏟아졌다. 사방에서 욕설이 우박처럼 쏟아졌다.

"악마에게 안부 전해줘! 지옥에나 떨어져라!" 뭐 대개 이런 식이었다.

브레이비크가 몸소 이곳을 통과하려 했다면 그는 판사 앞에 가지도 못했으리라. 우리도 위협을 느꼈지만, 아무도 우리를 도우려는 시늉조차 하지 않았다. 법원은 분명 군중에게 기습당한 기색이었다.

마침내 우리는 승강기에 올랐다. 그러나 위층이라고 해서 혼란이 덜한 것은 아니었다. 다행히 우리는 경찰관 한 명의 도움을 받아 무리를 헤치고 법정으로 가는 길을 열 수 있었다. 법정은 텅 비었고 쥐 죽은 듯 조용했다. 재판이 비공개로 열렸기 때문이다. 우리는 자리에 앉아 기다렸다. 우리는 둘 다 이러한 상황이 몹시 불편했다.

이내 아네르스 베링 브레이비크가 수갑과 족쇄를 찬 채, 그러나 평소처럼 입가에 가벼운 미소를 띠고 등장했다. 나는 그와 이미 만난 적이 있어 인사를 나누는 게 아무렇지 않았다. 토르도 전날 재판을 준비하면서 그를 만났기 때문인지 그와 악수하는 것이 어색해 보이지는 않았다. 그러나 나중에 토르는 수백 번이나 냉혹하게 방아쇠를 당긴 손가락과 접촉하는 것이 소름 끼쳤다고 털어놓았다.

브레이비크가 진술을 시작했을 때 꺼림칙한 우리의 기분

은 조금도 나아지지 않았다. 경찰에서 심문받을 때처럼 내용이 자세하지는 않았지만 그가 말하는 투는 똑같았다. 조금도 뉘우치거나 망설이는 기색이 없이, 거의 기계적으로 자신이 무슨 일을 했으며, 왜 정부 청사 구역에 폭탄을 터뜨렸고, 곧이어 우퇴위아 섬으로 가서 되도록 많은 청소년을 죽이려 했는지 진술했다.

나는 다시금 아픔의 소용돌이에 휘말리지 않으려 '필터'를 작동했다. 그럼에도 나는 브레이비크가 이야기하는 모습을 볼 때마다 몸과 마음이 불편해지는 것을 막을 수 없었다. 토르는 적절한 대비를 전혀 하지 못한 것처럼 멍하니 충격을 받은 모습이었다. 나중에 우리는 다시 질문과 욕설 폭탄을 퍼부어대는 사람들 무리를 간신히 뚫고 나와 완전히 녹초가 된 모습으로 사무실에 돌아왔다.

나는 토르가 나 못지않게 힘들어하는 것을 알아차렸다. 그러나 이날 오후 나는 기자들과 이야기를 나누느라 그를 더는 보지 못했다. 다음 날 토르는 자신이 이 사건을 감당할 수 있을지 잘 모르겠다고 말했다. 충분히 이해가 가고도 남았다. 토르는 건장한 청년이며 성격이 섬세하다. 그의 반응은 지극히 정상이었다. 나는 그를 참으로 서투르게 사건에 끌어들였다. 나야 심문 과정을 통해 이미 어느 정도 단련이 되었으나, 토르는 곧장 찬물로 뛰어든 셈이었다. 나는 이것이 얼마나 어려운 일인지 헤아리지 못했다.

토르의 반응은 앞으로 브레이비크와 법정에서 마주칠 증

인이나 피해자 가족을 어떻게 준비시켜야 하는지 가늠하게 해주는 중요한 지침이 되었다. 다행히 토르는 팀에 남기로 결정했다. 몇 번의 충분한 대화를 나눈 끝에 그는 기력을 온전히 회복했다.

팀 구성은 손바닥 뒤집듯 쉽게 되는 것이 아니며, 절대 강요할 수 없다. 당시 상황과 비교할 만한 일로, 아내와 내가 처음 만났을 때의 일화가 떠오른다. 우리는 둘 다 이혼을 겪은 탓에 저마다 아이들이 있었다. 각자의 아이들과 함께 한 가정을 꾸리는 일은 결코 단순한 일이 아니었다. 우리는 하나의 팀을 꾸리기 위해 함께 등산하기로 결정했다. 레베카는 안타깝지만 참가할 수 없었다. 그러나 나머지 아이들, 크리스티아네Kristiane, 에이리크Eirik, 울리케Ulrikke, 미 그리고 심지어 휠체어를 탄 채 암벽 위로 끌어올려야만 하는 요세피네는 모두 함께 했다. 분위기는, 좀 누그러뜨려 말하자면, 긴장이 넘쳐났다.

비탈길에서 나는 크리스티아네에게 뒤를 받쳐달라고 부탁했다. 당시 열세 살이었던 크리스티아네는 침착하고도 정확하게 일을 처리했다. 하마터면 미끄러질 뻔한 나를 구해준 것이다. 나는 딸에게 조금이라도 부주의했으면 내 다리가 부러지고 말았을 거라며 칭찬해주었다.

"부러졌어도 상관없는데." 딸은 차갑게 종알거렸다.

크리스티아네는 이 말로 전체 상황이 무척 어렵게 느껴진다는 것을 표현하고 싶었으리라. 그 정도의 투정은 받아줘야만 했다.

오늘날 우리는 이 일화를 이야기하며 웃는다.

이날의 구속적부심은 내가 경솔한 실수를 저지른 것만 빼고는 잘 진행되었다. 의뢰인은 4주 동안 전면적인 서신 교환 및 면회 금지로 완전히 격리된 형을 살아야 한다는 선고를 받았다. 어처구니없게도 나는 이의를 제기하지 않았다. 첫 번째 구속에서는 최장 2주 동안만 격리 수용을 해야 한다는 점을 내가 놓치고 만 것이다. 그렇지만 나는 그때 이 규정을 의식하지 못했다.

나는 대단히 창피해하며 브레이비크에게 재심을 청구하겠느냐고 물었다. 그는 괜찮다고 말했다. 재판은 비공개였지만, 판결의 공지로 내 어리석음은 만천하에 알려졌다. 사법계와 언론은 곧장 내가 앞으로 벌어질 재판을 감당하기에 법 지식이 충분한지에 관해 논의를 벌였다.

이 실수를 저지르고 난 뒤 나는 형법책을 샅샅이 뒤져가며 다시 익혔다. 나는 이 사건에서 더는 형식적인 실수를 저질러서는 안 된다!

임박한 재판의 규모가 분명해지면서 나는 우리 팀이 충분한 능력을 갖추었다고 보았다. 그러나 나는 보조 인력이 더 필요했다. 토르는 대단히 체계적으로 일하며 관련 서류를 정리했다. 이 서류 더미가 산처럼 쌓였다. 단적으로 말해, 해야 할 일이 너무 많았다.

나는 법원으로부터 한 명의 보조 인력을 채용해도 좋다
는 허가를 받아냈다. 이렇게 해서 오드 그뢴이 우리 팀에 합
류했다. 그는 토르가 가진 많은 좋은 성격을 공유한 남자다.
두 사람은 무엇보다도 젊었으며, 컴퓨터 법률 지원 프로그램
을 나보다 훨씬 더 잘 활용할 줄 알았다. 지금 와서 돌이켜
보면 이 프로그램이 없었더라면 우리는 엄두도 내지 못했으
리라. 동시에 두 사람은 증인을 잘 다루었으며, 그 진술과 관
련 서류를 올바로 평가할 줄 알았다. 그리고 무엇보다도 두
사람은 활력이 넘쳤다. 동기부여가 확실했으며, 100% 신뢰
할 수 있는 인물이었다. 그러나 형사재판과 그 절차 문제에는
별로 경험이 없었다. 또 언론을 상대하는 작업도 업무 시간
의 상당 부분을 잡아먹었다. 그럼에도 규칙적으로 브레이비
크의 심문과 면담에 참여했다. 두 사람은 나에게 아주 중요
한 스파링 파트너였다.

수석 변호사로서 나는 오랜 경력을 쌓아 필요한 전문적인
지식을 갖추기는 했지만, 여전히 우리는 전문 법률 지식에 환
한 법률가가 한 명 더 필요했다. 그런 사람의 지원을 받아야
형식적이거나 다른 법률적 실수를 저질러 또다시 휘청거리지
않을 것이기 때문이었다.

우리는 머리를 맞대고 팀 구성 문제를 협의했다. 어떻게 팀
을 짜야 가장 좋을까? 외부로부터 다른 변호사를 수혈받아
야만 할까? 이 사건에는 누가 가장 적당할까?

선의를 가지고 우리를 도우려는 법률가와 다른 전문가의

좋은 충고가 부족하지는 않았다. 다수의 의견은 우리가 경험이 많은 형법 전문가, 산전수전 다 겪은 노련한 법률가를 골라야 한다는 것이었다. 그래야 내가 노련한 전문가의 도움을 받아 많은 책임을 덜 수 있다는 주장이었다. 나 역시 이것이 가장 이성적인 선택이며, 팀에 확실한 안정을 가져다줄 방법이라고 생각했다.

그러나 내 뚝심은 정반대를 이야기했다. 우리 팀은 이미 탁월함을 자랑했다. 우리는 서로 잘 협력하며, 의견 차이를 잘 조정할 줄도 알았다. 첫 재판에서 형식적인 실수를 저지른 점을 제외한다면 우리는 모든 것을 제대로 처리해왔다. 우리는 의뢰인을 어떻게 상대해야 좋은지, 외부와의 소통, 특히 언론 홍보는 어떻게 해야 하는지 차분하게 파악해갔다.

팀의 구성원 세 명은 각자 분명하고 정확한 노선을 표방했으며, 빈틈은 없었다. 내부적으로도 우리 노선은 분명했다. 우리는 서로 눈높이를 맞춰 토론했으며, 필요하다면 끝장 토론도 불사했다. 물론 나는 팀 책임자로서 최종 결정을 내렸다. 일단 결정이 내려진 문제는 모두 숙지했다. 결정을 두고 왈가왈부하는 일은 없었다. 그러나 결정을 내리게 만든 전제 조건이 달라지는 경우에는 다시 논의를 해야 했다. 이런 일은 재판 과정에서 여러 차례 일어났다. 어쨌거나 규칙과 책임 분배가 명확했기 때문에 경우에 따라서는 손쉽게 즉각적으로 결정을 내리기도 했다.

나는 브레이비크와 아주 잘 소통하며 그에게 우리의 계획과 생각을 알아들을 수 있게 전달해주었다. 처음부터 서로의 역할과 위치를 분명히 해둔 덕에 그는 우리를 신뢰했다. 이런 신뢰는 그의 권리를 적절히 대변해주기 위해 꼭 필요했다. 또 그는 내가 자신의 범행을 잔혹하고 무의미한 것으로 여긴다는 점을 충분히 숙지했다.

나는 그때까지 단 한 가지 사실을 밝히지 않고 있었다. 그것은 내가 사회민주주의를 표방하는 '노동당'의 당원이라는 것이었다. 이제는 재판에 전념하기 전에 그에게 내가 당원임을 밝힐 때가 되었다. 나는 이 문제를 가지고 다른 법무법인의 몇몇 동료와 의견을 나누었다. 그들은 모두 내 생각이 옳다고 확인해주었다. 내가 브레이비크의 진정한 변호인이 되고자 한다면, 재판 과정에서 내가 변호인으로서 자격이 있는지 논란이 일어날 소지를 없애야 했다. 이런 자격 논란은 나는 물론이고 의뢰인에게도 해만 끼친다.

그러는 동안 어느덧 8월 중순이 되었다. 일라[a] 구치소에 있는 의뢰인을 만나러 가면서 나는 상당히 긴장했다. 내가 그에게 할 말은 그가 변호사를 교체하겠다고 할 만한 충분한 근거가 되기 때문이었다. 긴장한 이유는 이것뿐만이 아니었다. 처음으로 나는 그에게 나의 개인적인 이야기를 털어놓을 생각이었다. 지금까지는 그의 범행과 태도를 보는 나의 관점만 말했을 뿐이었다. 그와 나누는 모든 대화는 오로지 재판을 중심으로 이뤄졌기 때문이다.

그는 놀라지도 화내지도 않았다. 그는 내 얼굴만 물끄러미 바라보다가 이렇게 말했다. "예, 예, 이미 그런 줄로 짐작했습니다. 국가의 녹을 먹는 사람은 모두 노동당 소속이죠. 그렇지만 당신은 그 당원 중에서도 사고방식이 다른 몇몇 소수 가운데 한 분이죠. 말하자면 일종의 예외라 할까요. 그래서 선생이 내 변호사라는 것에 저는 이의가 없습니다."

"'예외'라뇨? 무슨 뜻으로 하는 말입니까?" 나는 이렇게 물었다. "저는 예외가 아닙니다. 그저 평범한 노르웨이 국민이며, 사회민주주의를 신봉하는 유권자일 뿐이죠."

그는 다시금 내 얼굴을 보고는 이렇게 말했다. "예, 예, 이미 말했듯 짐작했다니까요. 노르웨이의 변호사는 모두 국가로부터 돈을 받죠. 그래서 자동적으로 사회민주당 당원이죠."

우리는 나의 소속 정당이나 정치적 입장을 두고 두 번 다시 이야기를 나누지 않았다.

사무실에서 우리는 어떻게 팀을 강화할 수 있을지 생각을 나누었다. 이미 잘 조율된 팀에 명망 높은 형법 전문 변호사를 받아들인다면, 균형이 흔들릴 수 있다. 노련한 변호사는 대개 자기 나름의 방식을 자랑하며, 자신의 방법에 익숙해져 있다. 나는 대형 사건에서 마치 비행기 자동조종장치를 켠 것처럼 손쉽게 변론하는 변호사들을 숱하게 보았다. 이들은 지도자 역할에 익숙해 있으며, 그 명성 때문에 피할 수 없이 더 많은 주목을 끌게 마련이다. 이런 상황은 의뢰인에게도 우리 팀에도 전혀 도움이 되지 않는다. 그뿐만 아니라 책임 분담이 불분명해진다. 우리에게 필요한 것은 두 번째 수석 변호사가 아니라, 팀 정신을 가진 동료였다.

우리는 가능한 후보들을 추려 토론했다. 그 가운데 몇 명은 이미 다른 사건을 맡았다. 이내 우리는 전문적인 변호인 목록을 포기하고, 형법을 잘 아는 인물이 주변에 있는지 궁리해보았다. 그러나 좀체 마땅한 인물을 찾을 수 없었다.

그래서 우리는 다른 전략을 세우기로 결정했다. 구체적으로 이름을 대는 대신, 목표와 요구되는 특성을 정하는 쪽이 낫다는 판단이었다. 우리 팀은 어떤 목표를 가졌으며, 어떤 특성을 요구하는가?

가장 중요한 것은 '신뢰'다. 이런 사건에서는 모든 구성원이 서로 100% 신뢰할 수 있어야만 한다. 예를 들어 미리 논의되지 않은 재판 관련 해명을 마음대로 언론에 흘리는 일은 용납할 수 없다. 언론은 팀을 분열시킬 기회를 얻지 못해야만 한다. 누구도 자기 멋대로 행동해서는 안 된다.

두 번째로 중요한 것은 '전문 지식'이다. 이 사건의 규모는 법적으로나 사회적으로, 특히 소통 기술의 측면에서 서로 보완해야 할 다양한 지식이 필요할 정도로 크지는 않다. 오히려 지나친 전문성은 우리 일을 그르칠 뿐이다.

세 번째 중요한 것은 '동기부여'이다. 나는 개인적인 동기부여뿐만 아니라, 다른 사람에게도 동기를 불어넣어줄 수 있는 능력이 중요하다고 생각한다. 사건을 맡고 며칠 지나지 않아 나는 이 사건이 얼마나 소모적인지 실감했다. 재판은 지방법원에 그치지 않고 고등법원, 심지어 대법원까지 갈 수도 있다. 최악의 경우 2년에서 3년까지 시간이 걸릴 수도 있다. 이 모든 정황은 대단한 지구력이 요구됨을 뜻한다. 그러므로 팀의 구성원들은 서로 힘을 빼지 않고 격려하며 공동의 목표까지 나아갈 지구력을 반드시 가져야 한다.

이 세 개의 키워드를 메모해놓고 나는 고민에 빠졌다. 토르와 오드와의 팀은 모든 기준을 충족하는 최선의 선택이었다. 물론 우리는 다른 법무법인과 협력해 능력을 키울 수 있다. 그러나 이런 경우 '신뢰'를 보장할 수 없다. 나는 당연히 내 동료들을 믿었다. 그러나 두 개의 다른 법무법인이 함께 일하려면, 두 개의 일정표를 가져야 하며, 서로 맞추기 위해 시간과 에너지를 소비하지 않을 수 없다.

우리는 형법을 잘 알고 노련한 조력자 역할을 맡을 수 있는 성실한 법률가를 채용하기로 결론을 내렸다. 적임자를 찾기까지 오랜 시간이 걸리지는 않았다. 그녀의 이름은 비베케 헤인 베라다. 그녀는 대중에게 백지 같은 인물이며, 강력한 변론 팀을 생각하는 외부 세계의 기대에 비추어 의외의 선택이었다.

그러나 비베케는 형법에 경험이 많았다. 그녀는 개업 변호사는 아니었지만 자격증을 가졌으며 경찰에서 법 전문가로 잔뼈가 굵은 인물이었다. 그녀는 무엇보다도 텔레마르크 Telemark 주에서 오랫동안 경찰 대변인으로 일했으며, 이후 그 주의 경찰 책임자를 역임하기도 했다. 그러니까 그녀는 법정에 서는 일이 낯설지 않았다. 그리고 형사재판은 경찰이든 변호인이든 같은 규칙에 따라 이뤄진다. 그녀가 변호인의 역할을 다른 측면에서 보아왔다는 점도 장점으로 작용했다. 그 밖에도 그녀는 사회 참여에 활발한 여성이었다.

무엇보다 가장 중요한 점은 내가 그녀와 오랫동안 잘 아는 사이라는 점이었다. 우리는 직업상 서로 다른 길을 걷기 전에 7년 동안 내 첫 법무법인에서 함께 일했다. 나는 그녀를 우리 팀의 일원으로 얼마든지 상상할 수 있었으며, 특히 100% 신뢰할 수 있는 인물이라는 점이 마음에 들었다. 그리고 나는 그녀가 우리에게 부족한 요소들을 채워줄 것이라고 확신했다.

다만 한 가지 걸림돌이 남았다. 그녀는 마침 노르웨이 남부의 노동보호관청 수장으로 임명되었으며, 포르스그룬 Porsgrunn 시에 거주했다. 나는 그녀가 그 자리를 희망해왔다는 사실을 잘 알았기에 10월 초에 전화를 걸었을 때 몹시 긴장했다.

그녀의 목소리는 여전히 명랑하고 친절했다. 우리는 이런저런 이야기를 나누다가 자연스레 테러 사건이라는 화제로 넘어갔다. 두 명의 오랜 법률가 동료가, 그것도 둘 중 한 명이 그 한복판에 선 사건을 화제로 삼는 것은 피할 수 없는 일이다. 나는 전화로 직접 본론을 꺼낼 엄두가 나지 않았다. 그러나 나는 그녀가 사건에 매우 큰 관심을 가지고 있으며, 자세한 상황을 알고 싶어 한다는 인상을 받았다. 그녀는 우리가 앞으로 어떤 식으로 대처해나갈지 긴장감을 가지고 지켜보고 있다고 말했다. 그래서 나는 자연스럽게 오슬로로 올 수는 없느냐고 물었다. 의견을 들어보고 싶다고 했다. 오슬로에서 만나 커피를 마시며 대화를 나누면 어떨까?

일주일 뒤 비베케는 오슬로로 왔다. 우리는 작은 카페에서 만났다. 우리는 카페에 앉아 가치관, 대중매체 상대 전략, 팀 구성 등을 놓고 활발한 토론을 벌였다. 물론 우리는 예전에 함께 일했던 사례들도 이야기했다. 그녀는 여전히 대단한 열정을 자랑했다. 나는 우리가 함께 일했을 때와 같은 기분을 맛보았다. 그래서 나는 단도직입적으로 물었다.

"비베케, 혹시 우리 팀에서 함께 일하고 싶은 생각은 없어요? 미안하지만 되도록 빨리 대답해주었으면 좋겠어요. 물론 이 일을 맡으면 노동보호감찰관이라는 직업은 포기해야만 해요. 심지어 노르웨이에서 마지막으로 변호사 노릇을 하게 될 수도 있어요. 아니면 완전히 새로운 출발을 하거나. 어떤 경우든 흥미로운 도전이 될 거라는 점만큼은 약속해줄 수 있죠. 대단히 힘들지만, 그만큼 배울 점은 많을 겁니다."

많은 경우 우리는 상대가 승낙할지, 아니면 거부할지 단 영 점 몇 초 만에 알 수 있다. 함께 일하자는 권유를 하면서 나는 그녀의 생각을 읽을 수 있었다. '이런 일은 절대 거부하지 못해. 이런 기회를 놓칠 수는 없어.'

그러나 그녀는 내가 예상했던 답을 내놨다.

"생각할 시간이 필요해요. 이 일을 맡는다는 것은 우리 가족에게 너무 큰 변화를 의미해요. 이사도 해야 하고, 생활이 완전히 바뀔 거예요. 그 밖에도 나는 다시 변호사가 되기 위해 지금 막 시작한 직업을 포기해도 좋은지 생각을 정리해야 해요."

그녀는 마침 가족과 함께 태국으로 여행을 떠날 계획이었다며, 이 기회를 이용해 가족과 회의를 해보고 오슬로로 이사해 가족의 생활을 뒤죽박죽으로 만들어도 좋은지 의견을 정리해보겠다고 말했다. 그러나 나는 이미 그녀의 눈빛에서 함께 일하고자 하는 의욕을 읽었다. 비베케는 이미 어떻게 해야 브레이비크의 변호를 좀 더 잘 조직할 수 있을지 궁리하는 표정을 내비쳤다.

작별하고 오래 걸리지 않아 비베케는 실질적이고도 전략적인 물음을 담은 문자 메시지를 보내왔다. 여행에서 돌아온 지 하루 뒤에 그녀는 우리 팀의 일원이 되었다. 10월 말 우리는 완벽한 팀을 꾸렸다. 그 면면은 비베케 헤인 베라, 오드 그뢴, 토르 요르데트, 그리고 나 예이르 리페스타드다. 팀 구성이 완료되자 나는 커다란 안도감을 느꼈다. 처음으로 나는 우리가 해낼 수 있다는 자신감을 느꼈다. 우리는 많은 특성을 공유하며, 같은 목표를 가졌고, 동일한 기반, 곧 법치국가라는 민주주의의 이상 위에 섰다. 이런 확신에도 우리는 항상 내가 키워드를 써놓았던 노란색 메모지를 꺼내보았다. 이미 천 번 이상 이륙과 착륙을 해본 경험이 있을지라도 매번 놓치는 것이 없는지 확인하는 조종사처럼!

우리는 신뢰와 동기부여의 중요성을 새기면서, 각자의 능력에 맞는 도전 과제가 무엇인지 분석했다. 그런 다음 과제를 나누고, 각자의 능력에 맞는 책임을 정했다. 물론 우리는 각자의 전공과 경험을 배려했다. 학습 성과와 경험을 모으는 것이야말로 동기부여의 가장 중요한 요소이기 때문이다.

우리 팀은 곧 의뢰인의 책임능력에 대한 팀원들의 의견이 서로 다르다는 것을 확인했다. 우리는 열띤 토론을 벌이며 어떤 증인을 증언대에 세울지, 브레이비크의 진술은 어느 정도 믿어야 할지 의견을 정리했다. 아무래도 재판 진행 상황에 따라 그때그때 유연하게 전략을 구사하는 것이 좋겠다는 결론이 나왔다. 비록 브레이비크가 받아들일지 분명하지 않을지라도. 팀은 언론과의 관계와 법적인 문제를 두고도 활발한 토론을 벌였다. 그 결과 단호히 밀어붙이기로 의기투합했다. 팀의 일원이라는 소속감은 추진력의 중요한 바탕이다. 우리는 서로 믿을 수 있다. 서로 신뢰하면서 지식을 나누고 보충해주는 것이야말로 성공의 가장 중요한 열쇠라고 나는 생각한다.

재판이 진행되면서 우리는 최신 컴퓨터 기술에 밝은 젊은 피가 우리 팀에 있는 것이 대단한 강점임을 깨달았다. 수만 건에 이르는 서류를 체계적으로 다룸으로써 필요한 자료를 쉽게 찾고 서로 비교할 수 있었기 때문이다. 이렇게 할 때에만 우리는 사건을 가능한 한 모든 측면에서 살피고 잘 준비된 상태로 재판에 임할 수 있었다.

비베케의 재판 경험과 지도력 및 경찰 업무에 정통한 지식은 대단한 위력을 발휘했다. 비록 브레이비크가 범행을 자백했고 우리가 가을 내내 지속된 심문에 참여하기는 했지만, 정확한 질문을 던지고 알맞은 비판을 제기하며 필요한 서류를 제때 얻을 수 있었던 것은 오로지 그녀의 능력 덕분이었다.

심지어 비베케는 거의 혐오에 가까운 여성관을 가진 브레이비크의 마음을 돌려놓는 데도 성공했다. 우리 팀에 여성한 명이 가담했다는 말을 들은 브레이비크는 회의적인 반응을 보였다. 그는 여성은 대개 지나칠 정도로 감정적이어서 자신을 적절하게 변호해줄 수 없다고 말했다. 그러나 비베케를 직접 만난 뒤 그는 다음과 같이 밀했다.

"그녀는 예외입니다!"

며칠 뒤 오슬로 법원은 우리 팀을 브레이비크 사건의 공식적인 변호인단으로 선포했다. 나는 수석 변호인으로서 모든 책임을 지게 되었다. 그러나 우리 팀의 구조는 위계질서를 가지지 않으며, 팀 구성원의 모든 의견을 존중했다. 재판이 진행될수록 팀의 상호 존중은 더욱 커져갔다. 우리는 야근도 하며 고되게 일했다. 그리고 항상 의견 일치를 보지는 않았으나, 우리 자신이 세운 원칙만큼은 절대 무너뜨리지 않았다. 역풍, 드물지 않게 불었던 역풍이 심할 때에도 우리는 굳게 단결했다. 다른 법무법인의 동료들은 주기적으로 우리의 전문성을 문제 삼았다. 이유는 그저 우리가 다른 변호인단에 비해 조용히 변론에 임하며, 우리 방식으로 문제를 해결했기 때문이다. 그들은 우리가 의뢰인의 뜻에 맞지 않는 입장을 의뢰인에게 표명하는 것이 얼마나 어려운 일인지 헤아리지 못했다. 이미 언론은 브레이비크가 얼마나 오랫동안 우리를 변호인단으로 인정할 것인지에 대해 추측성 보도를 쏟아내기 시작했다.

어떤 비판은 정당했지만, 다른 비판은 가소롭기 짝이 없었다. 우리는 팀의 얼굴을 알리고자 함께 사진을 찍었다. 물론 사진은 언제나 그렇듯 연출된 듯한 분위기를 자아낸다. 언론은 이 사진을 퍼뜨리며 온갖 악의적인 촌평을 해댔다. 무슨 연예인 같다거나 광고 사진 아니냐며 이죽거리면서. 무엇이든 아는 척하는 사람들은 이 사진이 우리의 평판을 제대로 망쳐놓았다고 주장해댔다. 우리는 이런 반응을 그리 심각하게 받아들이지 않았다.

우리에게 더 강한 압박을 준 것은 의뢰인이었다. 그는 다가올 재판을 자신에게 유리한 쪽으로 연출하려고 생각했는데, 그것은 법치국가의 원칙과 합치될 수 없는 것이었다. 브레이비크는 노르웨이를 다문화 국가로 만든 책임자들의 명단을 만들어 재판에서 공개하려 들었다. 그리고 해당 인물 열두 명 이상을 증인으로 세워야 한다고 주장했다. 증인에게 직접 질문 공세를 펼쳐 그 책임을 따져 묻겠다는 것이었다. 증인은 답변하지 못해 결국 자신의 책임을 인정하게 될 거라나. 그는 7월 22일 일어난 대량 학살의 책임은 자신에게 있는 것이 아니라 다문화 사회를 조장한 사람들에게 있다며 눈을 부라렸다. 이것이 재판에 임하는 그의 태도였다. 이렇듯 경찰, 검찰 그리고 대다수 국민이 생각하는 것과는 정반대의 주장을 펼치며 고집을 피워대는 브레이비크를 상대하는 일은 만만치 않았다.

참으로 고약한 노릇이 아닐 수 없었다. 어떻게 해야 우리는 그런 생각과 관점이 절대 통하지 않는다고 그를 설득할 수 있을까? 사건을 그런 식으로 접근하는 것이 그 자신에게 전혀 도움이 되지 않는다는 것을, 그런 식으로 모든 것을 뒤흔들어서는 안 된다는 것을 설명할 수 있을까? 브레이비크는 자신이 받게 될 형벌에는 신경조차 쓰지 않았다. 그는 거듭 다음과 같은 주장을 되풀이했다.

"내가 재판을 통해 하고자 하는 유일한 것은 사회민주주의와 그 추종자들에게 다문화 사회를 만든 책임을 묻는 것입니다. 내 행동은 그들 행동에 대한 답변입니다……." 아무튼 이런 식이었다.

반대로 우리는 민주주의와 법치국가, 곧 그가 파괴하려 들었던 가치를 지키려고 노력했다. 브레이비크는 글자 그대로 아직 폭발하지 않은 폭탄처럼 서서 정반대의 주장만 펼쳐댔다. 그는 노르웨이의 법이 아니라, 오로지 자신의 법만이 진리라고 우겨댔다. 범행의 책임을 묻는 책임능력의 문제에 그는 별다른 의견이 없었다. 그는 책임능력의 문제가 이득을 주는 측면도 있지만, 불이익을 주는 측면도 있다고 보았다. 그는 항상 우리가 처음 나누었던 대화를 상기시켰다.

"법 문제는 선생 일입니다. 리페스타드 변호사."

우리 팀은 저마다 자신의 방식으로 브레이비크와 이야기하는 잘 조율된 팀이었기 때문에 단계적으로 그에게 재판에 임하는 자세를 가르칠 수 있었다. 형사재판의 규칙을 따를 때에만 공정한 재판이 보장되며, 그래야 법적 권리를 행사할 수 있다고 우리는 그를 누누이 설득했다.

아주 힘겨운 대화를 나눌 때에는 전체 팀이 함께 했다. 점차 브레이비크는 재판을 준비하고 치러가는 우리의 방식이 자신에게 유리함을 깨닫기 시작했다. 우리의 목표는 무엇보다도 그가 재판정에서 솔직하게 진술하도록 만드는 것이었다. 결국 그는 어떤 법률가도 그가 재판의 전제 조건을 결정하도록 도울 수 없음을 깨달았다.

아마도 여러 법무법인의 변호사들로 팀을 꾸렸더라면 팀의 결속을 유지하기 어려웠으리라. 브레이비크는 여러 변호사들 가운데 가장 자기 입맛에 맞는 사람을 고름으로써 팀을 분열시키려 했을 것이기 때문이다. 우리는 각자의 방식으로 그를 상대하기는 했지만, 언제나 함께 결정을 내리는 모습을 그에게 보여주었다. 그는 우리 가운데 어느 한 명을 고를 수 없음을 알았다. 한 명만 택한다면 모두 잃을 테니까.

우리는 그와 거리를 두려고 주의했음에도 그가 우리를 신뢰한다는 것을 알았다. 나는 첫날부터 그의 말을 경청해주었다. 자신과는 전혀 다른 세계관을 가졌음에도 자신의 말에 귀를 기울여주는 내 모습에 그는 호감을 느꼈던 모양이다. 그는 새로운 변호사를 골라 자신의 사고방식을 알려주고 다시금 그가 저지른 잔혹한 테러를 일일이 설명한다는 것이 대단히 힘들다는 점을 깨달은 것이 틀림없었다. 우리는 그가 우리 팀에 만족한다는 것을 확신했다.

브레이비크와 우리 팀이 서로 충돌할 위기는 단 한 번 있었다. 재판이 어느 정도 진행되었을 때 우리는 책임능력을 인정해달라는 그의 요구를 받아들이는 문제를 두고 팀이 합의를 보지 못했다고 그에게 말해주었다. 책임능력은 우리 사이에서 정말 합의를 보지 못할 정도로 어려운 문제였다. 그럼에도 우리는 함께 결정을 내렸고, 이 결정으로 브레이비크가 다른 변호사를 구할 것이라고 걱정하지는 않았다. 아마도 그는 우리가 서로 신뢰하는 모습을 보고 올바른 결정을 내렸을 것이라고 생각한 모양이었다.

물론 우리는 언제라도 의뢰인을 잃을 가능성이 있었다. 실제로 그런 각오를 하기도 했다. 브레이비크를 끝까지 변호하는 것이 우리의 목표는 아니었기 때문이다. 우리의 목표는 계약이 성립하는 한, 윤리적인 책임을 가지고 법적으로 최선의 변론을 펼치는 것이었다. 중요한 도덕적 문제를 놓고 토론을 벌였음에도 합의를 보지 못한 경우, 우리는 그에게 솔직하게 말해주었다. 이렇게 함으로써 우리는 다른 사람의 의견을 존중한다는 점을 보여줄 수 있다. 많은 경우 토론은 충분한 시간을 들여야만 결론을 얻을 수 있다. 서로 생각할 시간을 주어야 하기 때문이다. 합의를 보기까지는 대개 몇 주가 걸렸다.

또 모든 문제에서 꼭 합의를 보아야만 하는 것은 아니었다. 지나친 논란을 피하고 전진하기 위해서는 내가 팀의 책임자로서 결정을 내려야만 했다. 분명한 목표를 설정해놓고 이를 추구한다면, 이에 맞춰 항상 자신의 생각만 옳다는 태도는 버려야 한다.

팀 작업은 그만큼 어렵다. 그러나 머리와 심장이 공동의 가치, 팀 구성원 모두가 추구하는 공동의 가치를 품는다면, 팀이 발휘하는 힘은 대단하다. 이렇게 해서 우리는 최악의 경우, 이를테면 의뢰인의 충격적인 범행을 고스란히 담은, 산더미처럼 쌓인 진술서를 읽어야만 해서 괴로울 때조차 결코 힘을 잃지 않았다.

어렵고 힘들 때마다 우리는 공동의 가치를 되새겼다. 팀원 중 누군가가 브레이비크와의 심문이나 대화에 진저리를 치며 괴로워하면, 우리는 그에게 왜 이 사건을 맡았는지 처음의 동기를 상기시켜주었다. 우리는 자신의 명성이나 의뢰인을 위해 일하는 것이 아니라, 법치국가라는 이상에 충실하고 있음을!

실제로 이런 상기 덕분에 우리는 단결심을 기를 수 있었다. 격렬한 토론을 벌이고 난 뒤에도 우리는 입가에 미소를 띠고 작별 인사를 나누었으며, 다음 날 아침 가벼운 포옹으로 인사했다. 그래야 다시 힘을 내서 이 잔혹한 사건에 몰두

할 수 있기 때문이었다. 우리의 동기부여는 이렇게 해서 신선함을 잃지 않았다. 우리는 민주주의 자체를 흔든 테러 사건의 변호를 맡아 법치국가라는 이념을 지키고 있다는 점에 자부심을 느꼈다.

다른 변호사들이나 법에 그리 밝지 않은 기자들이 이러쿵저러쿵 우리 일을 비판해도 팀은 흔들리지 않고 견뎌냈다. 어떤 동료 변호사들은 아예 우리에게 시비 거는 것을 일종의 의례처럼 여겼지만, 강한 팀으로서 우리는 개의치 않았다. 근본적으로 그들의 비판은 오히려 우리로 하여금 박차를 가하게 만들 뿐이었다.

정말 어려운 일, 이를테면 브레이비크가 자신의 야수적인 행동을 일말의 후회도 없이 자세하게 묘사하는 심문이나 진술을 지켜보는 일을 견뎌낼 수 있었던 것도 이런 동기부여 덕분이었다. 브레이비크는 이런 묘사를 할 때마다 입가에 비웃음을 머금곤 했다. 이런 비웃음은 그 누구도 따를 수 없는 힘과 열정으로 자신의 목표를 이룩했다는 더할 수 없는 오만함의 표현이었다.

"책임능력 없음"

— 어떻게 인간은 대량 학살범이 되는가?

나는 그때까지 가치 소통 문제가 대단히 성공적이었다고 생각했다. 우리가 브레이비크의 견해에 동조하지 않음을 언급하면서 그가 변호를 받을 권리를 대중에게 알린 방식 덕분에, 우리는 차분하게 업무에 집중할 여유를 얻었다. 그러나 가을이 지나는 동안 기자들은 다시금 조바심을 냈다. 기자들은 우리가 어떻게 브레이비크를 변호할 계획인지 알고 싶어 했다. 물론 우리는 브레이비크에게 공정한 재판을 받을 권리가 있다는 것, 그리고 법치국가에서 이런 권리가 지닌 의미 등의 이야기만 영원히 되풀이할 수 없다는 점을 잘 알았다. 또한 대중을 위해서도 우리는 이제 단순한 가치 소통 차원을 벗어나 실질적인 법리 논쟁으로 나아가야만 했다. 한마디로 이제 의뢰인을 변호할 때가 되었다.

먼저 해결해야만 할 커다란 문제들이 산적했다. 그 가운데 가장 중요한 것은 브레이비크가 형법상 정해진 대로 처벌을 받을 책임능력이 있는가 하는 문제였다. 그는 책임능력이 있는 인물인가? 정신과 전문의의 감정서는 아직 나오지 않았지만, 범인이 교도소에 수감되기보다는 정신병원 치료를 받는 것이 낫다는 점을 암시해주는 방증은 많았다. 모든 심문에 참여했던 나는 이 문제가 재판의 핵심 쟁점이 될 거라고 확신했다.

가을 내내 나는 경우에 따라 다소 정도의 차이가 있기는 했지만, 브레이비크에게 책임능력이 없다고 선언하는 쪽에 무게를 두어 이야기해왔다. 나는 그의 세계관, 우주, 그가 생각하는 것이 다른 별에서 온 것 같다고 말해왔다. 비록 그 시점에서 그의 상태를 심신미약으로 규정하는 것을 명시적 목표로 설정하지는 않았지만, 우리는 이 문제에 초점을 맞춰 변론을 펼칠 생각이었다.

브레이비크는 처음부터 이 문제에 별반 관심을 가지지 않았다. 그는 아주 진지한 투로 이렇게 말했다. "그건 선생 문제입니다. 저는 아무래도 좋습니다. 나야 어차피 노르웨이가 국가를 상대로 전쟁을 벌였던 적들을 처리했던 것처럼 아케르스후스Akershus에서 처형될 테니까요."

그는 정부가 자신을 처벌하기 위해 다시 사형 제도를 도입할 거라고 굳게 믿었다. 자신의 행위가 전후 역사에서 유례를 찾을 수 없으며, 전쟁 차원의 행위이기 때문이라면서. 결국 그의 관점대로라면 그는 자신을 스스로 처형한 셈이었다.

브레이비크는 자신이 새로운 단일민족 왕국의 첫 번째 순교자, 이 왕국의 건설을 위해 앞장서서 싸우다가 희생당한 순교자가 될 거라며 입에 거품을 물었다. 70~80년 뒤 온 세계가 다문화 사회로 넘쳐날 때 노르웨이 국민은 자신에게 감사할 것이라고도 했다. 정말 어처구니가 없을 정도로 단단한 확신이었다.

그가 모든 범행을 자백하고 난 뒤 심문은 주로 동기 중심으로 이루어졌다. 심문을 통해 분명하게 드러난 점은 오슬로 중심부의 폭탄 테러와 우퇴위아의 학살이 그의 정치적 신념을 부각하기 위해 벌인 것이라는 사실이다.

"나는 다문화 사회의 발달을 반대하는 내 선언을 위해 폭죽을 터뜨리고 싶었습니다." 수사관이 그에게 왜 먼저 오슬로에서 폭탄을 터뜨리고, 그다음에 우퇴위아로 가서 청소년들을 죽였느냐고 묻자 그는 이렇게 대답했다.

"그렇지만 왜 그처럼 많은 사람을 죽였습니까?"

"검열의 장벽을 뚫기 위해서입니다." 브레이비크는 당연한 것을 왜 묻느냐는 투로 이렇게 말했다. 마치 선거에서 연단에 올라 연설하거나 거리에서 유권자에게 지지를 호소하는 말투였다.

순전히 직관적으로 볼 때 이런 병적인 생각과 행동의 배후에는 하나 또는 여럿의 인격 장애가 도사리고 있다고밖에 다른 설명은 불가능하다. 브레이비크는 그만큼 자신이 지어놓은 망상 속에 깊이 빠져 있었다. 그는 만약 자신이 책임능력이 없다는 인정을 받게 되면 이런 망상이 속절없이 무너질 수 있다는 점은 염두에 두지 않았다. 그는 자신의 이름이 역사책에 오를 것으로 확신했다. 자신을 위대한 사상가라 여기는 것이 분명했다. 그러나 그런 인정을 받고 그의 메시지가 확산될 수 있으려면, 그는 책임능력을 가져야만 한다.

이런 이유로 브레이비크는 정신과 전문의의 진단에 관심을 가지기 시작했다. 언론에서 정신병력 문제를 토론하면 할수록, 그는 자신이 책임능력이 있는 사람으로 인정받기를 간절히 바랐다. 책임능력을 인정받아야 자신의 행위에 담긴 정치적 동기를 선전할 수 있다는 점을 깨달았기 때문이다.

변호사, 기자, 신문 편집장, 논평자 등은 자신들이 책임능력에 대한 논란을 고조하는 바람에 테러리스트에게 좋은 선물을 해주고 있다는 사실을 알기나 할까? 이들은 브레이비크가 신문 기사를 읽으며 회심의 미소를 짓는 것을 전혀 몰랐으리라. 비난의 파도가 거세지면서 정신병동에 수용하는 대신 처벌하기를 요구하는 목소리가 커질수록 브레이비크는 만족스러워했다. 그리고 그만큼 더 많은 관련 기사가 국내외에서 쏟아져 나왔다. 공식적인 감정서가 발표되기 전에, 사정을 잘 아는 수사관과 검찰은 브레이비크가 원하는 쪽으로 일이 풀려가는 것에 당황하며 황당한 기색을 감추지 못했다.

그러나 그 시점에서 우리는 어떤 감정 결과가 나올지 몰랐기 때문에 모든 가능한 경우의 수에 대비해야만 했다. 우리는 오로지 이 문제에만 매달리지 않는 전략이 필요했다. 우리가 참고할 만한 선례는 없었다. 순전히 기술적으로 볼 때 우리는 테러범을 병원에 격리 수용하는 데서 비롯되는 안전 문제와, 사안을 불필요하게 과격하게 만들지도 모를 요소를 함께 고려한 대책까지 예상해두어야 했다. 브레이비크가 심신미약으로 책임능력이 없는 것으로 인정되어, 정신병원에 수용된다면 이 두 가지 문제는 실제로 중요해진다.

그의 책임능력이 인정된다면 브레이비크는 냉혹하며, 철저히 계산적으로 행동하는 테러리스트다. 우리는 법정에서 논쟁이 될 만한 문제의 목록을 만들었다. 경찰이나 다른 관청의 태도 중 브레이비크에게 유리하게 작용할 만한 요소는 없을까? 우리가 공격할 수 있는 어떤 형식적 실수는 없을까? 정상을 참작해줄 만한 배경에는 어떤 것이 있을까? 우리는 법적인 측면뿐만 아니라, 피해자를 고려해서도 신중하게 사안에 접근해야만 했다. 우리는 안전, 도피 가능성, 경찰의 대응 방식 따위의 문제는 다루지 않기로 결정했다. 폭탄 테러의 목표가 된 곳을 사전에 왜 교통 통제를 하지 않았는지, 그저 차단기 몇 개만 있어도 테러를 막을 수 있지 않았을까 하는 문제도 우리는 제외하기로 했다.

이런 문제들을 법정에서 다루는 것은, 분명 몇 가지 비판할 대목이 있기는 하지만, 우리 의뢰인에게 도움이 되지 않을 뿐만 아니라 언론에 먹잇감만 던져주는 일이기 때문이다. 브레이비크는 자신의 범행을 치밀한 계산 아래 의도적으로 저질렀기 때문에 정상을 참작할 요소는 없다. 그런 요소를 찾으려면 오히려 브레이비크의 과거를 살펴야 한다. 그럼 아마도 그가 왜 테러범이 되었는지, 어째서 그런 충격적인 범행을 저질렀는지 이해할 실마리를 찾을 수 있으리라. 그가 자신을 일종의 희생자로 간주할 어떤 사건이 있었을까? 그가 주장했듯 다문화 사회 탓에 그가 어떤 피해를 입었을까? 그래서 극우 성향 때문이 아니라, 이런 피해로 그런 기괴한 세계관을 가지게 되었을까?

재판에 부수소송* 원고로 참여한 피해자 가족은 자신들의 변호사를 통해 관련 정보를 얻었다. 그러나 이들에게도 우리가 언론에 무슨 말을 하는지, 또 어떻게 말하는지 하는 문제는 중요했다. 우리는 재판이 진행되는 동안 피고인과 가장 가깝게 있었으며, 그래서 "왜?"라는 중요한 물음에 가장 빈번하게 직면했기 때문이다.

피해자 가족들은 책임능력 문제에서 서로 다른 의견을 보였다. 이런 의견 차이는 크게 세 가지로 정리된다. 첫째, 많은 가족은 브레이비크가 당연히 법정 최고형을 받아 평생을 감옥에서 썩어야 한다고 생각했다. 그의 손에 소중한 자식을 잃지 않았는가. 그들은 절대 브레이비크가 자유로운 사람이 되는 걸 보고 싶어 하지 않았다. 흔히 말하듯 '그와 거리에서 마주치는 일'은 결단코 없어야 한다고 생각했다. 둘째, 몇몇

● 부수소송(附隨訴訟): 검찰이 공소한 형사사건에 개인도 원고로 참여하는 것을 뜻한다. 우리나라에서는 민사소송에만 해당하나, 유럽에서는 민사소송뿐 아니라 형사소송에도 해당한다.

가족은 테러리스트가 책임능력을 가졌는지 하는 문제를 그리 중시하지 않았다. 물론 이들도 그가 처벌을 받아야 한다고 생각했다. 그렇지만 감옥이든 닫힌 정신병원이든 그런 차이에 큰 의미를 두지 않았다. 셋째, 또 다른 가족은 브레이비크가 다른 모든 범인과 동일하게 법체계에 따라 똑같은 원칙으로 판결받기를 바랐다. 이들은 그저 범인이 가능한 한 대중의 주목을 받지 않기를 원했다. 대중의 주목을 받는 것이야말로 브레이비크가 테러를 벌인 목적일 거라면서.

셋째 관점은 우리 변호인이 원하는 것이기도 했다. 그렇지만 부수소송 원고를 대변하는 많은 변호사들의 생각은 달랐다. 재판을 통해 얻을 이득과 명성을 포기할 수 없는 변호사들은 모든 기자가 원하는 바로 그것, 즉 갈등을 키우려 혈안이 되었다. 그들은 가족 사이의 갈등은 물론이고 재판에 참여한 수많은 전문가들이나 보도 경쟁에 뛰어든 기자들 사이에도 갈등을 조장함으로써 세간의 주목을 끌기를 원했다.

의뢰인 역시 조용히 앉아만 있지 않았다. 그는 재판에서는 오로지 우리를 통해 외부 세계와 소통할 수 있었지만, 세간의 주목을 끌 기회를 호시탐탐 노렸다. 결국 11월 14일에 '서신 교환 및 면회 금지'는 '통제를 받는 서신 교환 및 면회'로 바뀌었으며, 12월 12일에는 기자 접견 금지 조치마저 풀렸다. 그전에도 브레이비크는 감방 안에서 방송 뉴스를 시청하고 신문을 읽으며 어떻게 해야 자신이 벌인 테러의 홍보효과를 극대화할 수 있을지 궁리했다. 그는 마치 연극 무대의 연출자처럼 재판 준비에 집중적으로 매달렸다. 그는 재판을 연극(자신이 주인공인 동시에, 누가 어떤 역할을 맡을지 결정하는 연극)이라고 보았다. 이렇게 구상한 치밀한 전략으로, 교도소에서 이뤄지는 우리와의 접견도 이용했을 것이 분명했다.

자신의 이데올로기에 사로잡힌 사람들이 흔히 그러하듯 브레이비크는 입만 열었다 하면 무슨 최후통첩을 하는 것처럼 주장을 펼쳤다. 그의 이런 태도 때문에 우리는 난감한 상황에 빠지기 일쑤였다. 그의 요구는 대부분 들어줄 수 없는 것이었기 때문이다. 그렇다고 무턱대고 안 된다고만 말할 수도 없었다. 격분한 그가 성급하게 변호사를 바꾸겠다고 하는 것도 우리에게는 부담스러운 일이었기 때문이다.

우리는 이런 식으로는 그를 도울 수 없음을 확신했다. 이런 이유로 우리는 서두르지 않고 단계적으로 그의 생각에 반대되는 제안을 하여 그가 자신의 생각을 수정하게 만들어야만 했다. 결국 그가 자기 스스로 이런 새로운 생각을 하게 된 것처럼 믿도록 말이다. 마치 어린애와 토론하는 것만 같았다. 다른 점은 이 '어린애'는 서른두 살이며, 냉혹한 계산으로 최악의 범죄를 저질렀다는 점이었다.

앞뒤가 맞지 않는 말을 끊임없이 늘어놓으며 계속 새로운 발상을 들이대는 브레이비크에게 말려들지 않으려고 우리는 많은 결정을 뚝심으로 밀어붙이지 않을 수 없었다. 게다가 우리는 우리가 그의 변호 팀으로서 공개적으로 말하는 모든 것을 브레이비크가 듣고 읽을 수 있다는 점을 감안해야만 했다. 마치 외줄을 타고 춤을 추는 것처럼 언제라도 균형을 잃을 수 있다는 위기감이 내내 우리를 괴롭혔다.

줄타기에서 우리를 지탱하게 해준 것은 세 가지였다. 첫째, 우리는 견고한 가치 기반을 구축했다. 둘째, 목표가 분명했다. 우리는 모든 말과 행동을 이 목표에 견주어 평가했다. 셋째, 우리는 팀 정신을 갖추었다. 우리는 서로 신뢰하며 각자가 가진 능력을 존중하여 어떤 의견도 거리낌 없이 개진하고 토론하는 분위기를 자랑했다. 나는 브레이비크조차 우리의 일이 얼마나 어려운지 점차 이해하고 몇 가지 점에서는 양보하는 자세를 보였다고 믿는다.

10월 28일 우리는 아스타Asta 농장에서 경찰과 함께 현장검증을 했다. 브레이비크는 그곳에 거주하며 화학비료로 폭탄을 만들고 테러를 계획했다. 날씨는 우중충하고 추웠지만 기자들은 조금도 움츠리지 않았다. 최소 50명은 되어 보이는 기자와 리포터가 현장검증을 지켜보았다. 마침내 수사 과정에서 사건의 구체적 면모가 드러나는 순간이었다. 그동안 재판 과정 외에는 보도할 것이 많지 않았다. 게다가 브레이비크는 점차 재판에 관심을 잃고 모든 것을 우리에게 위임했다. 8월 13일에 우퇴위아 섬에서 있었던 현장검증은 언론에 공개되지 않았다. 그러나 일간지 《VG》는 뭍에서 대형 망원렌즈를 이용해 사진을 찍었다.

우리 팀은 그동안 피고인이 형사처분을 받을 책임능력이

없다는 쪽으로 변론을 펼치기로 방침을 정했다. 물론 이런 전략은 정신과 전문의의 감정서가 완성되기 전까지 공개적으로 드러내지 않아야 한다. 우리가 지금껏 의뢰인의 심문과 진술을 통해 알게 된 모든 것에 따르면 범죄심리학자 역시 같은 결론을 내릴 확률이 높았다. 그럼에도 우리는 다른 결과가 나올 경우를 대비해 유보적인 태도를 취했다.

여전히 모든 쪽에서 오는 압력이 무척 컸다. 그러나 새롭게 알릴 것이 없는데 어쩌란 말인가? 우리가 독자적으로 기자회견을 열어볼까 하는 생각도 해보았으나, 그럼 우리 팀에 너무 이목이 집중된다. 그건 사안의 의미와 어긋나는 일이다. 현장검증 일정이 정해지자 우리는 참가가 허용되지 않은 언론이 잠복할 거라고 예상했다. 그래서 우리는 이 기회를 이용해 그동안의 진행 상황을 슬쩍 흘리기로 작정했다.

현장검증 직후 우리는 즉흥적으로 일종의 기자회견을 열어 매우 기술적인 발언을 하기로 했다. 우리는 브레이비크가 이처럼 과격해진 모든 원인을 찾아본 결과 그가 형법이 요구하는 의미에서 죄를 감당할 능력이 없다고, 다시 말해서 책임능력이 없다고 처음으로 분명히 밝힐 생각이었다.

물론 회의적인 측면이 없지는 않았다. 그러나 우리는 언론의 불신이나 분노는 두려워하지 않았다. 우리는 이미 항상 브레이비크의 '독자적인 세상'이라는 표현을 써왔기 때문에 책임능력 없음이라는 쪽으로 변론을 펼치려 한다고 해서 언론이 새삼 놀라지는 않으리라. 이렇게 해서 자연스럽게 다음 단계로 넘어가는 것이 우리의 전략이었다. 앞으로 나올 감정서를 기다린다면서 유보적 태도를 보여주면 우리는 더욱 안전해진다. 물론 우리는 이런 행보를 브레이비크와 사전에 협의했으며, 그는 동의했다.

이로써 우리는 의뢰인을 적절하게 대변할 토대가 마련되었다고 느꼈다. 이렇게 하면 피해자 가족이나 언론 또는 일반 대중이 우리를 믿을 만하지 못하다고 여기거나 의심스러운 동기를 가졌다고 보지 않을 것이기 때문이었다. 나중에 나는 재판의 이 어려운 단계에서 견고한 신뢰와 단계적인 접근 방식의 조합이야말로 소통에 성공할 수 있는 가장 중요한 바탕이었다고 자평했다.

우리는 노르웨이에서 이 사건과 비견될 만한 사건이 전혀 없음을 잊어서는 안 된다. 이 때문에 많은 이들은 우리가 어느 날 오후 돌연 천당에서 지옥으로 떨어지고 말았다며 안타까워했다. 불안함이라는 전혀 새로운 감정에 적응하기 위해서는 어느 정도 시간이 필요하다. 이럴 때는 섣부르게 논평하거나 성급한 결론을 내리지 않는 태도가 필요하다. 오히려 기본적인 방침(예를 들면, 폭력을 폭력으로 갚지 말고 민주적 법치국가의 원칙에 따라 심판하자는 방침)을 결정하는 것이 중요하다. 우리의 정치 지도자는 첫날 이런 모습을 보여주었다. 그런 다음 우리는 새로운 상황에 신중하게 접근하여 단계적으로 해결책을 찾아가면서, 포괄적인 대책을 마련하기 위해 시간이 무르익기를 기다리는 태도를 가져야 한다.

사람들은 대개 그런 완만한 변화를 못마땅하게 생각한다. 우리를 보고 '악마의 변호사'라는 욕설을 퍼부은 사람들이 그런 부류다. 그렇지만 다행히 재판이 진행되면서 그런 사람은 갈수록 줄어들었다. 덕분에 우리는 변호하는 동안 그리 심각한 위협을 받지 않았다. 법치국가는 이처럼 모든 사람을 품는 포용력을 자랑하게 마련이다.

재판 일정이 공개적으로 발표되고 언론이 이를 보도하자, 대다수의 사람들은 우리의 과제가 얼마나 어려운 것인지 실감했다. 의뢰인은 독자적인 길을 걸었으며, 자신의 정치적 입장을 드러낼 수만 있다면 어떤 기회도 마다하지 않았다. 11월 11일의 첫 공판에서 그는 자신의 연설을 준비했으나, 재판장의 제지로 하지 못했다. 그때 브레이비크는 이런 말을 했다.

"두 정파가 충돌할 때면 각자 입장부터 밝히는 것이 상례입니다. 나는 반(反)공산주의 저항운동의 군사령관이며 '템플 기사단'의 법률고문으로 재판관의 공정성을 의심하지 않을 수 없습니다. 재판장은 다문화주의를 지지하는 사람들 편에 서 있군요. 다문화주의는 노르웨이 사회를 파괴하는 증오 이데올로기일 뿐……."

재판장이 그를 제지하면서 오로지 범행과 관련한 물음에만 대답하라고 요구하는 바람에 그는 더는 말을 잇지 못했다.

"나는 내가 한 행동은 인정하지만, 그것이 처벌받을 일이라는 것은 인정하지는 않습니다." 브레이비크가 대답했다.

재판장이 구치소의 구금 상황을 묻자 그는 자신이 군사령
관이기 때문에 형벌을 인정하지 않는다고 대답하며 다시금
무어라 장광설을 이어가려 했다. 그러나 재판장이 다시 그
를 제지했다.

"내가 피고인에게 한 질문은 이것입니다. 베링 브레이비크
씨, 석방되기를 원합니까?"

"나는 처벌을 인정하지 않으니, 그 말이 정확한 말이군요."

재판장이 두 번째로 구금 상황을 묻자 브레이비크는 이렇
게 대답했다.

"기본적으로 내가 한 말에 덧붙일 것은 없습니다. 일단 고
문하기로 했다면, 더 빠르게 정보를 얻어낼 수 있는 효과적
인 방법을 고르는 것이 좋을 것입니다. 나는 지금의 구금이
비효율적인 형태의 고문이라고 봅니다."

"미결구금이 말입니까?" 재판장이 물었다.

"나는 사우디아라비아의 방법을 추천합니다. 사우디아라
비아는 알카에다를 상대로 좋은 방법을 씁니다. 이 문제에
제가 더 토를 달고 싶지는 않습니다."

마지막으로 브레이비크는 이렇게 말했다. "오늘 처음으로
피해자 가족이 참석했다고 들었습니다. 그분들에게 한마디
해도 될까요? 5분이면 충분합니다."

"아뇨, 안 됩니다." 재판장이 단호하게 잘랐다.

"당연히 안 되겠죠." 브레이비크는 이렇게 말하고는 입을 굳
게 다물었다. 그는 서신과 면회를 통제받는 12주의 계속된 미

결구금 결정에 항의하는 것이 아무 의미가 없음을 알고 항의하지 않았다. 경험이 많은 범죄심리학자 쉰네 쇠르헤임Synne Sørheim과 토르게이르 후스뷔Torgeir Husby가 11월 29일에 감정서를 제출했을 때, 많은 사람들은 안도의 한숨을 쉬었다. 감정서는 의뢰인이 범행 당시는 물론이고 관찰 시점에서도 형법 44조가 정한 정신병력 규정에 맞는 징후를 보인다고 결론지었다. 이는 곧 우리가 계획대로 변론을 추진해도 좋음을 뜻했다.

감정서가 나온 시점은 그리 적절하지 않았다. 우리는 마침 경찰과 함께 증거 수집차 로스앤젤레스에 사는 브레이비크 누이를 찾아갔다. 노르웨이 일간지 《VG》의 기자는 감정 결과를 우리에게 알려주며 논평을 부탁했다. 샌디에이고 공항에서 우리를 알아본 기자들이 추적해왔던 것이다. 얼마 지나지 않아 기자 군단이 우리를 덮쳤다.

오슬로 경찰 대변인은 그런 상황을 몹시 불편하게 여겼다. 경찰은 우리와 같은 호텔에 투숙했으며, 그날 저녁 함께 평온하게 저녁 식사를 했다. 브레이비크의 누이는 언론의 주목을 받는 일을 원치 않았다. 그래서 경찰은 기자들을 따돌리려는 작전을 펼쳤다. 호텔을 옮겼지만, 기자들을 피해 숨는 것은 쉽지 않았다. 그들은 우리와 경찰이 어디 머무는지 귀신같이 알아냈다.

브레이비크의 가족 관계는 복잡했다. 우리는 그의 가족들이 사건을 다른 각도에서 볼 수 있게 해줄 거라고 믿고 그들을 만나고 싶었다. 그러나 브레이비크는 자신의 가족에게 피해를 주고 싶지 않다며 거부했다. 우리는 그가 애정을 가지고 어머니와 누이를 보호하려 한다는 인상을 받았다. 그는 자신의 가족을 이야기할 때 따뜻한 단어를 골랐다. 반대로 테러를 벌일 때 썼던 선언에서 그는 자신의 가족을 대단히 부정적으로 묘사했다. 그 배경에는 브레이비크의 전형적인 사고방식이 숨어 있었다. 그는 테러와 선언이 혐오감을 불러일으킬 것이라는 점을 잘 알았다. 만약 그가 자신의 가족을 긍정적으로 묘사했다면, 사람들은 모두 그의 가족도 그와 똑같이 나쁜 인간이라고 생각했으리라. 그러나 그의 가족은 브레이비크의 생각에 동조한 적이 없다.

귀향하는 항공기 안에서 나는 충분한 시간을 가지고 정신병 감정서를 읽고 우리의 기록과 비교해보았다.

브레이비크는 불안한 가정환경에서 성장했다. 그가 세 살이 되었을 때 아동복지국은 그를 맡아 키워줄 다른 가정을 찾으라고 권고했다. 담당 아동심리학자는 계속해서 같은 환경에서 자랄 경우 심각한 발달 장애가 우려된다고 했다. 그러나 관련 서류만 가지고는 브레이비크가 유아기에 어떤 일을 겪었는지 알기가 어려웠다. 성추행을 암시하는 대목이 있기는 했지만, 그것은 순전히 추측이었다. 그의 어머니가 어떤 위기를 겪기는 했지만, 그것이 비슷한 일을 겪은 많은 다른 아이들보다 그에게 더 나쁜 영향을 미쳤다고 보기는 힘들었다. 브레이비크의 어린 시절만으로는 그가 왜 이렇게 발달했는지 설명하기에 충분하지 않았다.

청소년기에 그는 더 많은 상실을 경험했다. 특히 아버지가 그와의 관계를 끊었다. 아버지는 여러 차례 그에게 아무 관심이 없다고 말했다. 그는 열다섯 살 때 마지막으로 아버지를 만나려 시도했으나 거절당했다. 분명 아픈 경험이기는 했다. 그러나 아버지가 사라지거나 아무런 책임을 지지 않으려 하는 일을 겪는 청소년은 적지 않다. 이런 경험은 쓰라리기는 하지만, 테러리스트가 된 결정적 원인이라고 보기는 힘들다.

청소년 시절과 청년 시절에 브레이비크는 합법성의 경계를 넘나드는 무리와 어울렸다. 그는 분무기로 페인트를 뿌리는 낙서 '그라피티'를 그려서 여러 차례 경찰에 체포되었다. 그는 폭력을 행사하여 권력을 차지하려는 집단에 가담했다. 당시 오슬로에는 폭력 조직인 이른바 A파와 B파 사이에 전쟁이 한창이었다. 브레이비크는 당시 자신이 속했던 폭력 조직 이야기를 신이 나서 떠벌여댔다. 그는 자신이 지도적 위치에 오르기는 했지만, 자신이 폭력을 행사한 적은 없다고 주장했다.

학창 시절의 기록을 살펴보니 성적은 그저 평균이었고, 눈에 띄는 행태는 없었다. 한때 폭력에 휘말린 것을 보여주는 방증은 많았지만, 대개 자신이 공격당하면 말로나 몸으로나 방어했던 것일 뿐이었다. 나는 폭력이 브레이비크가 테러리스트가 된 결정적인 원인이라고 믿지 않는다. 그의 경우보다 훨씬 더 심각한 폭력과 따돌림을 당한 청소년은 무척 많기 때문이다.

오슬로 상업학교를 다니던 브레이비크는 졸업을 반년 앞두고 학교를 그만둔 뒤 마케팅 분야에서 직장을 잡았다. 그는 일을 잘해 이내 팀장이 되었다. 근무 기록과 증인 진술을 통해 그가 사람들을 다루는 친화력이 뛰어나다는 것을 확인할 수 있었다.

나중에 그는 광고업체를 꾸려 독립했다. 그러나 사업 운이 따라주지 않아 거의 수익을 내지 못했다. 그는 위조 졸업장을 파는 것으로 돈을 벌었다. 정신과 전문의는 위조 졸업장을 만들고 판 일이야말로 자제력 부족의 대표적 증상이라고 보았다. 자신의 목표(이 경우에는 돈 버는 일)를 이룰 수만 있다면 그는 서슴지 않고 법을 무시했다.

감정서에 대해 논평해달라는 언론의 요구에 우리는 감정서를 읽고 놀라지 않았다고 논평했다. 감정서는 무려 243쪽에 달했다. 그 대부분은 우리가 관찰한 것과 일치했다. 우리는 특히 브레이비크의 감정이입 능력 부족을 언급한 부분에 깊이 공감했다. 괴이하고도 왜곡된 생각에 완전히 사로잡힌 그의 모습은 '편집증적 정신분열'이라는 진단과 맞아떨어졌다. 그럼에도 우리는 일말의 불안감을 감출 수 없었다. 브레이비크와 같은 부류의 사람들은 자신의 책임능력을 인정받으려는 경향이 강하기 때문이다. 우리는 브레이비크가 감정 결과를 인정하지 않고 자신의 행위에 책임을 지고 심판을 받겠다고 고집할까 걱정이 되었다.

대다수의 경우 중범죄자는 형법상 책임능력이 없다는 진단이 나올 때 안도의 한숨을 쉰다. 현실적으로 이런 감정 결과는 교도소 대신 정신병원에 수용되는 것을 뜻한다. 정신병원 역시 교도소 못지않게 엄한 제한이 따르며 빠져나오기 어렵기는 하지만 그래도 범행을 저지르게 만든 심리적 질환이 치유되었다고 인정될 기회는 엄연히 존재한다.

브레이비크는 자신이 범죄를 저질렀다고 절대 생각하지 않았다. 그래서 그는 재판도 형사 문제가 아니라, 정치적 대결의 장으로 보았다. 물론 이 판을 조종하는 사람은 그 자신이라며. 그는 자신이 흥분이나 그 어떤 이기적인 동기로 77명의 인명을 살해하고 1,000명은 아니라 할지라도 몇백 명에게 영원히 남을 심신의 상흔을 안긴 살인자가 결코 아니라고 우겼다. 자신은 어디까지나 정치적 이상을 위해 싸운 투사이며, 그 결과에 책임을 지겠다고 했다. 그리고 조국을 위해서라면 기꺼이 목숨을 바치는 충성심 넘치는 군인이라고도 했다.

오늘날 나는 우리가 책임능력이 없는 쪽으로 변론을 펼치기로 결정했던 것은 그의 이런 관점을 충분히 고려하지 않은 것이었음을 깨달았다. 우리 눈에는 브레이비크가 과시하는 모든 잔혹함, 특히 자신의 신념을 실천에 옮긴 방식이 그저 망상에 빠진 중범죄였을 뿐이다. 그럼에도 브레이비크는 항상 정치적 논쟁을 벌이려 들었다. 심지어 정치적 선언도 하지 않았던가. 우리는 자신의 정치적 견해를 고집하기 위해서라면 기꺼이 법의 심판을 받겠다는 그의 계산을 유념했어야만 했다.

아마도 나는 변호를 맡은 첫 달에, 생각했던 것보다 더 지쳤던 모양이다. 그런 이유로 모든 가능한 경우에 대비하는 데 소홀했다. 변호 팀을 구성한 덕분에 부담이 크게 줄기는 했다. 과제의 대부분이 적절히 배분되었기 때문이다. 그러나 주된 책임은 어디까지나 내 몫이었다. 나는 내가 이 임무를 정말 감당할 능력이 있는지 수없이 자문했다. 아무래도 나는 모든 것을 철저히 따져보기 전에 너무 많은 것을 '걸러낸' 모양이었다. 또는 상상력이 부족해서 오슬로의 서쪽 부유한 동네에서 살던 서른두 살의 남자가 이처럼 극단적이 될 수 있다는 점을 헤아리지 못했거나.

브레이비크는 본래 책임능력 문제를 깊이 생각해보지 않았던 것이 분명했다. 그러나 서신 교환 및 면회 그리고 기자 접견 금지가 풀리고, 자신과 관련한 기사를 읽으면서 그는 이 문제를 비로소 깊게 생각하기 시작했다. 그의 교활한 비겁함이 눈을 뜬 것은 이런 배경을 염두에 두어야 설명이 된다. 결국 그의 책임능력을 둘러싼 격렬한 논의는 법치국가 또는 범죄심리학이 아니라, 피고인에게만 유리하게 작용했다.

성탄절을 앞둔 시점에 브레이비크는 내게 전화를 걸어왔다. 그는 몹시 흥분한 목소리로 빨리 만나 이야기 좀 하자고 보챘다. 대단히 급한 일이라며, 그동안 지켜온 합의를 깨야만 한다고 했다.

"그건 당신이 한 선택 가운데 최악의 선택이 될 텐데요?"
나는 그의 흥분을 가라앉히려고 달래는 투로 물었다.

그러나 그는 빨리 만나자는 말만 되풀이했다. 그래서 우리
는 12월 23일에 만나기로 약속을 잡았다.

특별한 크리스마스 선물
— 브레이비크의 정치 어젠다

우리 팀 네 명 전원은 구치소 면회실의 유리벽 앞에 모였다. 물론 유리벽 건너편의 의뢰인에게 은혜로운 성탄절을 빌어주러 간 것은 아니었다. 브레이비크와 중요한 사안을 이야기해야 할 때마다 우리 팀은 언제나 함께 모였다.

이렇게 모인 이유는 전날 법원의 법의학 위원회가 정신과 전문의 감정서를 공식적으로 인정했기 때문이다. 네 명이 모두 참석했고 대화를 기록해두었기 때문에 나중에 의뢰인이 자신이 무슨 말을 했고 무슨 말은 하지 않았는지 이의를 제기할 경우 법적으로 꼭 필요한 증거가 확보된다. 또한 우리는 우리가 책임능력 문제와 관련해 서로 합의하지 못한 것을 그에게 알려주는 게 옳다고 보았다. 그럼 그는 자신이 어떤 해결책을 더 선호하는지 말해줄 수 있지 않은가. 그저 간단한 문제만 해명해야 할 경우에 우리 팀은 각 개인이 따로 구치소를 찾았다.

브레이비크와의 만남은 우리 팀이 하는 토론의 중요한 토대였다. 우리는 서로의 의견이 충돌하는 것을 두려워하지 않았다. 브레이비크야 어차피 '받아들이거나 거부하거나' 둘 가운데 하나만 택할 수 있을 뿐이었다. 팀의 신뢰가 워낙 든든해서 의견 충돌은 약점이라기보다 강점으로 작용했다. 이런 경우 브레이비크는 어떤 것이 자신의 이해관계와 가장 잘 맞는지 고를 여지를 얻었다. 일단 결정이 내려지면 우리는 단호히 밀어붙였다. 새로운 요소가 나타나지 않는 한, 재론은 불필요했다.

브레이비크는 그를 응원하는 무리로부터 책임능력을 인정하라는 분명한 암시를 받았다. 그럼에도 그는 첫 번째 감정을 인정할지, 아니면 다른 전문가의 새로운 감정을 요구할지 결정을 내리지 못했다. 그 당시 나는 그가 책임능력을 부정하는 것의 장점과 단점을 저울질한다는 인상을 받았다.

그러나 그는 무엇보다도 언론의 호들갑을 맘껏 즐기는 눈치였다. 물론 첫 재판 이후 언론의 관심이 조금 식기는 했다. 그러나 사설이나 논평을 쓰는 기자, 정치가, 법학자 혹은 자칭 전문가가 책임능력 문제를 가지고 논란을 벌이는 동안 브레이비크의 정치 메시지가 자연스레 퍼지는 것을 막을 수는 없는 노릇이었다. 다문화 사회를 반대하는 그의 선언이나 저항을 언급하는 데에서만 그쳤다 하더라도 이런 홍보 효과는 피할 수 없었다. 그들이 원했든 원하지 않았든 브레이비크의 이데올로기는 논란의 중심에 섰다. 그는 이런 상황을 몹시 흡족하게 받아들였다.

브레이비크는 유리벽 뒤이기는 했지만 공격적인 태도를 보였다.

"우리는 7월 23일에 합의를 보았죠. 선생은 법적 문제를, 나는 정치 문제를 각각 신경 쓰기로."

우리는 고개를 끄덕였다.

"이제는 어쩔 수 없이 내가 법적 문제까지 관여해야만 하겠습니다. 나는 책임능력이 없는 것으로 인정받고 싶지 않습니다."

그는 허리를 숙이고 우리 네 명의 눈을 차례로 돌아보며 물었다.

"당신은 개인적으로 어떤 의견을 가졌나요? 제가 책임능력이 있다고 봅니까?"

예상한 대로 각자 다른 답을 내놨다. 직접적인 답변을 회피하고 대신에 각각의 경우가 가지는 이점과 약점을 거론하는 것에서부터, 책임능력이 있다 혹은 없다로 분명하게 의사표시를 하는 것까지 다양했다. 계속해서 우리는 현재 우리가 활용할 수 있는 정보와 언론의 논조 그리고 우리의 부족한 의학 지식에 기초해서만 이 문제를 다룰 수 있다는 유보적인 태도를 보였다.

브레이비크는 우리의 솔직함이 마음에 든 모양이었다. 비록 우리의 대답으로 더 나은 판단을 할 수는 없었지만, 그는 새로운 감정을 원하지 않는다고 강조했다. 그렇다고 첫 번째 것에 동의하는 것은 아니지만, 심리학자와 또다시 이야기하고 싶지 않다고 했다.

나는 브레이비크가 정신병원 수용이나 교도소 수감 가운데 어느 쪽이 자신에게 더 유리한지 하는 문제에만 무조건 매달리지 않는다고 믿었다. 오히려 그는 두 가지를 모두 열어두려 했다. 어느 쪽이든 앞으로의 전망이 불투명하기는 마찬가지였기 때문이다. 두 번째 감정을 의뢰한다면, 브레이비크는 전문가들이 첫 번째 감정에 동의할 위험을 자초할 수 있다. 동시에 그는 무조건 두 번째 감정을 요구할 것이 아니라, 첫 번째 감정만 가지고도 법정에서 얼마든지 다툴 수 있다고 보았다.

브레이비크는 전략적으로 생각하기는 했지만, 어떤 목표를 분명히 의식하는 것 같지는 않았다. 그는 감방에 홀로 앉아 일종의 정신적 균형을 잃지 않으려고 끊임없이 새로운 계획을 쥐어짰다. 우리는 그가 무엇보다도 재판을 자신이 원하는 대로 조종하며 어떻게 해야 최대한 주목을 이끌어낼지 고민한다는 인상을 받았다. 그는 점차 자신의 책임능력을 인정받는 쪽으로, 정신과 전문의가 무어라 말하든 상관없이 그쪽으로 결론을 굳혀갔다.

우리가 두 번째 감정을 요구하는 것이 좋은지 생각을 명확히 정리하지 못하고 있을 때, 브레이비크는 돌연 한 가지 새로운 제안을 했다. 그는 이 제안이야말로 딜레마를 해결해줄 거라고 자신했다. 그는 우리더러 자신의 이름으로 공식 요청을 하라고 했다. 지금껏 들어본 바가 없는 요청이어서 우리는 그런 것이 과연 통할 수 있을지 어안이 벙벙하기만 했다. 그는 다양한 분야의 전문가들로 구성된 위원회로 자신의 책임 능력을 평가해달라고 요구했다. 위원의 면면은 정치학자, 국내 및 국제 정치 전문가 그리고 폭력과 테러 전문가가 되어야 한다고 했다. 위원은 노르웨이 출신은 물론이고 외국, 특히 극단주의의 연구가 활발한 일본 출신도 환영한다고 했다. 그는 오로지 위원회의 판단만 수용할 수 있다며, 이 요청을 들어주지 않는다면 두 번째 감정에는 응하지 않겠다고 말했다.

참으로 전형적인 브레이비크의 사고방식이었다. 그는 근본적으로 새로운 감정을 거부하면서도 그것을 두려워하지 않는다고 과시하려 들었다. 불가능한 조건을 내세움으로써 딜레마를 자기 방식으로 해결했다고 으스댔다. 나는 그런 불가능한 요청을 법원에 할 수 없다며 난색을 표했다. 그런 요청은 장난스럽게 보일 뿐만 아니라, 우리의 신뢰도 깎아내릴 것이라고 강조했다. 그러나 그는 자신의 요구를 고집하며, 우리 네 명을 상대로 격렬한 토론을 벌였다. 오랜 토론이었지만 결국 우리는 합의할 수 없었다.

마침내 우리는 시간을 갖고 좀 더 숙고해보자고 제안했다. 우리는 일단 지금 이 문제를 반드시 합의해야만 하는 것은 아니라고 말했다. 어차피 성탄절 직전이 아닌가. 성탄절 휴가 동안 충분한 시간을 갖고 생각을 다듬어보면 더 좋은 방법을 찾을 수 있을 거라고 그를 설득했다. 연말연시에도 중대한 변화가 일어나지 않을 테니 그 시간도 이용하자고 했다. 그는 동의했다. 우리는 어떤 것이 그에게 보탬이 될지 숙고하겠다고 했다. 성탄절 휴가를 이용해 우리 변호 팀은 가장 합리적인 전략을 찾아보겠다고 다짐했다.

잠시 침묵한 뒤 브레이비크는 다시금 반대했다. 새로운 위원회의 요구는 철회하겠지만, 두 번째 감정은 거부하겠다고 말했다. 또다시 심리학자와 이야기하고 싶지는 않다는 뜻을 분명히 했다. 그리고 책임능력이 없다고 본 감정 하나만 가지고 재판에 임하는 것이 더 낫다고 말했다.

브레이비크는 이제 법원에 자신의 책임능력을 납득시킬 자신이 있다고 분명한 어조로 강조했다. 다양한 분야의 전문가들로 구성된 위원회 대신 다른 정신과 전문의를 증언대에 세워 의견을 들으면 될 것이라고 말했다. 그럼 지금의 감정을 충분히 반박할 수 있을 거라면서.

우리는 법정에서 정신 건강 감정을 반대한다고 발언하는 우리 자신의 모습을 그려보았다. 의뢰인에게 유리하게 변호해야 하는 우리의 입장에서 이런 발언은 얼마나 어처구니없는 것인가. 동시에 브레이비크는 자신의 책임능력을 인정받고 그에 합당한 형사처분을 받겠다고 했다. 지금까지의 감정이 그 정반대를 이야기하고 있음에도. 그는 새로운 정신과 전문의를 선임하는 것을 모든 수단을 동원해 막겠다며 결연한 의지를 보였다.

그의 이런 고집은 그가 어떤 주된 동기를 품었는지 분명히 보여주었다. 그는 어차피 재판의 진행 상황에 별반 관심이 없었다. 그와 관련한 말을 한 것은 단 한 번뿐이었다. 그때 그는 정신병원에 격리 수용되는 것이 처벌 정도가 낮은 형벌이라 좋겠다고 말했다. 정신병원에 있으면 바깥에서 자신을 추종하는 무리와 편지를 주고받을 수 있겠다는 것이 그의 생각이었다. 그러나 여론에서 자신의 책임능력을 두고 논란을 벌이자 그는 생각을 고쳐먹었다.

변호사에게 이런 새로운 상황은 180도 뒤집히는 반전을 뜻했다. 아주 특별한 성탄절 선물이랄까. 평화로운 성탄절이여, 안녕! 우리가 이 사건에서 내려야 하는 모든 결정 가운데 가장 어려운 결정이 책임능력의 문제였다. 그는 정신적으로 건강해서 감옥에 가야 할까, 아니면 정신병자여서 정신병원에 수용되어야 할까?

이 일에 있기 바로 전인 12월 22일에 나는 이따금 쓰던 일기장에 정신과 전문의와 법의학 위원회가 브레이비크에게 책임능력이 없다는 결론을 내린다면 우리는 한시름 덜 것이라고 적어놓았다. 결국 전문가도 우리와 같은 견해를 보일 것이라는 전제하에 우리는 전략을 공개하지 않았던가.

하지만 우리는 한시름 덜기는커녕, 공식적으로는 정신 건강을 의심받는 것으로 선포된 의뢰인이 자신은 책임능력이 있다면서 더는 전문가에게 협조하지 않겠다고 하는 기묘한 상황에 빠졌다! 원래의 전략을 고수한 채 우리 의뢰인은 어떤 것이 자신에게 최선인지 판단할 수 없을 정도로 위중한 정신병자라고 하는 것이 옳을까? 이런 태도가 우리가 이번 사건을 통해 지키고자 하는 근본 가치와 맞을까? 변호인이 의뢰인의 의견을 무시하고 의뢰인에게 책임능력이 없다고 하는 것이 법치국가의 원칙과 합치할까? 범인 자신은 책임을 지겠다고 하는데도?

브레이비크의 정치 어젠다는 그의 책임능력을 둘러싼 논란으로 대단한 주목을 받았다. 아마도 이것이 우리가 치러야만 하는 대가였던 모양이다. 생각건대, 만약 우리가 더는 논란을 벌이지 않고 브레이비크를 정신병자로 진단해 정신병원에 가두었다면, 노르웨이는 더 큰 트라우마를 입었을 것이다. 예를 들어 제2차 세계대전이 끝나고 반역자와 전범을 재판하는 과정에서 크누트 함순* 때문에 빚어졌던 상처를 생각해보라. 개인의 의견이 아무리 극단적이거나 전체주의적이라 할지라도, 그 의견을 정신병자의 헛소리라고 치부하고 도외시하는 것은 위험한 형태의 은폐다. 우리는 그 의견에 참을성 있게 맞서야만 한다. 그래야 미래에 비슷한 테러가 벌어질 위험을 피할 수 있다.

● 크누트 함순(Knut Hamsun : 1859~1952) : 노르웨이 출신의 작가. 치밀한 심리 묘사로 1920년 노벨 문학상을 받았다. 말년에 노르웨이를 침공한 나치스 독일에 동조하는 바람에 반역자로 재판받았으나, 고령의 나이에 정신 상태가 온전치 않다는 이유로 처벌은 면했다.

나는 내면의 불안에 사로잡혔다. 우리 변호사들이 테러리스트의 권리를 지켜주려다가 자칫 잘못하여 테러리스트의 메가폰이 되는 건 아닐까? 그래서 그와 동조자들이 대중의 주목을 받을 기회를 만들어주는 건 아닐까? 이로 말미암아 젊은이들을 테러리스트의 망상에 빠져들게 하는 건 아닐까? 많은 청년들이 잠재적 분노를 극우적인 운동으로 표출하도록 우리가 자극하는 건 아닐까? 이런 상황에는 대체 어떻게 대처해야 좋을까? 어떻게 하면 우리는 젊은이들의 손에 극단주의에 대항할 좋은 도구(예를 들어, 합리적 논증과 선행)를 쥐어줄 수 있을까? 어떻게 하면 우리는 청소년이 나의 죽마고우가 그랬듯 잘못된 길로 빠지지 않도록 막을 수 있을까? (극단주의와 범죄는 손에 손을 잡은 것처럼 밀접하게 맞물려 있다.)

극우 성향의 웹사이트와 블로그와 다른 대중매체는 무척 많다. 나는 이른바 '소셜 대중매체'가 오늘날 얼마나 효과적으로 메시지를 유포하며 의견 형성에 막강한 영향력을 행사하는지 몸소 체험했다. 브레이비크와 그의 비뚤어진 생각이 그런 곳에 뿌리를 내린다면 어떻게 할 것인가? 만약 그가 영웅이 된다면 우리는 그저 구경만 할 것인가?

나는 그럴 수는 없다고 다짐하며 이제 가족을 위해 성탄절 분위기에 젖어보려고 노력했다. 더 많은 실수는 이제 참을 수 없다. 브레이비크가 적극적인 동조 세력을 얻어서는 안 된다는 간절한 나의 희망은 평화로운 성탄절을 희구하는 마음과 마찬가지로 경건했다.

연말연시에 나는 밤잠을 이루지 못하며 이 문제들을 고민했다. 우리의 진정한 임무는 무엇일까? 답은 간단하면서도 어려웠다. 우리의 임무는 의뢰인의 법적 권리를 대변하는 것이다. 의뢰인은 자신의 책임능력을 인정받지 못하는 것을 거부하기로 결정했다. 그는 자신의 법적 권리를 이용해 정신적으로 건강하다고 인정받기로 결심했다. 변호인으로서 우리의 임무는 무죄 석방을 얻어내는 것이 아니다. 또한 판결이 가져올 정치적 결과를 고려할 필요도 없다. 우리는 그저 법 정신에 기초하여 의뢰인의 재판을 받을 권리를 지켜줘야 한다. 그 배후에 어떤 동기가 숨어 있든 말이다.

이 문제들을 고민하면서 나는 정신의학의 감정에 얼마나 많은 비중을 두어야 할까 자문했다. 그 감정은 전문의 두 명이 브레이비크와 전부 35시간 동안 이야기해본 뒤 판정을 내린 다음, 다른 그룹, 즉 브레이비크의 얼굴을 본 적이 없는 법의학 위원회가 이 판정을 전문적 소견으로 검증한 것이다. 정신의학의 관점에서 보면 전문의 두 명과 위원회 모두 하자가 없는 결정을 내렸을 수 있다.

그러나 전문가의 이런 소견이, 이성과 합리성의 모든 다른 기준을 무너뜨린 인간에게 과연 얼마나 들어맞을까? 일반적인 범죄심리학은 이 사건을 다루기에 너무 작은 그릇이 아닐까?

아내와 아이들은 나의 고민이 깊다는 걸 알아차리고 되도록 방해하지 않으려는 눈치였다. 일을 시작할 무렵 귀가하면 일 문제는 깨끗이 잊어야 한다는 교훈을 얻었음에도, 나는 풀리지 않은 문제들을 잠시 내려놓기가 무척 어려웠다. 나는 되도록 일상사에 집중해야 한다고 거듭 다짐했다.

다행히도 크리스마스였다. 아이가 일곱 명인 우리 집은 이때가 되면 시끌벅적할 수밖에 없다. 아버지가 고민하고 있을지라도, 일곱 쌍의 눈과 귀가 주의를 기울여달라고 요구한다. 아이들은 내기라도 벌이듯 서로 환하게 빛난다. 저마다 각자의 방식으로. 게다가 한 아이가 곧 태어날 예정이다. 나는 내가 정말이지 행복한 남자임을 되새겼다.

그런데 아이들의 눈빛이 가장 따뜻한 이 순간, 돌연 깊은 슬픔이 나를 엄습했다. 일종의 차가움 같은 이 슬픔의 정체는 무엇일까? 레베카의 앞날을 생각할 때마다 느끼던 그런 슬픔은 아니었다. 우리는 이미 오래전부터 레베카와 함께 있다는 것만으로 행복했기 때문에 오히려 레베카는 감사의 마음을 불러일으킬 뿐이다. 이 슬픔은 달랐다. 단단하고 냉혹한 슬픔이다. 문득 나는 슬픔의 정체를 깨달았다. 이 순간 노르웨이 전국에서 77개의 가정이 사랑하는 아이를 잃고 처음으로 성탄절을 맞는다. 어린 시절을 이겨내고 이제 막 어른이 되는 문턱으로 올라섰던, 내 아이들과 똑같이 환하게 빛났을, 결코 잊을 수 없는 그 얼굴을 생각하는 부모의 마음은 얼마나 아플까.

벌써 반년째 나는 이 아이들을 죽인 살인자를 위해 일하고 있다. 어떻게 이런 일이 가능했을까? 처음으로 나는 이 사건이 얼마나 나를 지치게 만드는지 실감했다. 지금까지는 일에만 매달리느라 압박과 긴장이 이처럼 큰 줄 몰랐다. 그동안 제대로 쉬지도 못했다. 그나마 두어 차례 휴식을 가질 수 있었던 것은 든든한 아내 덕분이었다. 간호사인 아내는 필요한 경우 일을 깨끗이 잊어버리고 일상에 몰두할 줄 안다. 또 아이들 덕분에 몇 차례 숨을 고를 휴식을 가졌다. 내게 자신들을 보살펴주기를 바라는 것은 아이들의 정당한 권리이기 때문이다.

나는 집 밖으로 나와 한동안 홀로 있었다. 아내는 내가 울고 있다는 것을 알아차렸지만 조용히 지켜보기만 했다. 나는 차가운 겨울 공기를 들이마시며 성탄절의 차분함을 내 것으로 만들고 싶었다. 냉기가 눈물을 멈추게 했을까. 나는 서둘러 자기 연민을 떨쳐버렸다. 내가 슬퍼한다고 아이를 잃은 가족에게 위로가 되지는 않는다. 다행히도 우리 가족은 온전하다. 나는 모든 측면에서 인간적 차원을 뛰어넘는 사건을 환상적인 팀과 함께 다룰 기회를 얻었다. 민주주의와 법치국가에 봉사할 이런 기회는 흔한 것이 아니다. 그럼에도 나는 성탄절 선물을 받지 못한 아이처럼 서서 칭얼대고 있다.

이런 깨달음 덕분에 나는 다시 현실의 토대로, 사건의 출발점으로 돌아왔다. 나는 살인자를 위해 일하는 것이 아니다. 나는 무한한 자부심을 가지는 법치국가 체계를 위해 일한다. 공정한 재판이 없다면 이 체계는 무너지며, 희생자의 죽음은 더욱 무의미해진다. 나는 희생당한 청소년들이 지키고 발달시키고자 했던 바로 그것, 곧 민주주의를 위해 일한다. 우리 민주주의 사회는 좀 더 정의롭고 통합적이 되어야 한다. 바로 이런 사회를 위해 매일 기여하는 모든 국가 조직, 오로지 민주주의라는 규칙과 합치해서만 권력을 행사하는 국가 조직을 위해 나는 일한다.

이렇게 생각하니 한결 마음이 가벼워졌다. 브레이비크의 정신 건강 상태와 관련해 아직 아무런 해결책을 찾아내지 못한 것이 더는 중요하지 않았다. 주된 목표를 놓치지 않고 근본 가치를 확실히 붙든다면, 때가 무르익어서 해결책을 찾을 수 있으리라. 지금 내가 가진 해결책은 오로지 하나, 아내가 늘 강조하는 일상생활의 충실일 뿐이다.

무엇보다도 지금은 성탄절이 아닌가.

반전

— 솔직함이 가장 좋은 전략이다

1월 2일 우리는 법원에 편지를 보내 의뢰인이 정신 건강 감정을 더는 원하지 않는다고 알렸다. 해가 바뀌기 전에 나는 구치소의 브레이비크 담당 의사들과 이야기를 나누고 어떤 쪽이 그에게 최선인지 알려줘야 한다는 결론을 내렸다. 신년을 맞이하기 전에 나눈 마지막 대화에서 우리는 브레이비크에게 모든 경우의 수를, 의도적으로 극한까지 고려한 모든 경우의 수를 알려주었다. 브레이비크의 생각은 변하지 않았다. 책임능력을 인정받으려 했다.

그는 합리적인 논리로 자신의 결정을 치장하려 들었다. 이제 이 남자는 자신이 원하는 것이 무엇인지 아는 것이 분명했다. 변호인으로서 우리는 그의 희망을 고려해줘야만 했다. 그의 정신 건강에 대한 우리 팀원의 의견은 여전히 갈렸지만, 팀으로서는 책임능력을 인정하는 판결을 받기 위해 노력해야 한다는 점을 숙지했다. 이런 사실을 기록으로 남기기 위해 우리는 네 명 모두 서명한 편지를 법원으로 보냈다.

외부와의 소통에서 이런 반전을 알리는 일은 일대 도전이 아닐 수 없었다. 반년 동안 우리는 브레이비크가 책임능력이 없는 인물이라는 주장을 펴왔다. 유일하게 유보적이었던 것은 전문가의 감정 결과를 기다려본다는 것이었다. 그러나 전문가는 우리와 같은 결론에 도달했다. 이제 우리는 180도 방향을 바꾸어 그에게 책임능력이 있다고 말해야만 한다. 앞서 우리가 말했던 것을 스스로 뒤집어야만 하는 기가 막힌 상황이다. 게다가 브레이비크는 다른 결과가 나올 수도 있는 또 한 번의 감정은 결코 받지 않겠다고 했다. 이런 상황에서 우리는 어떻게 신뢰성을 유지할 수 있을까?

방법은 오로지 하나다. 솔직하게 말하자! 아무것도 감출 필요가 없다. 의뢰인의 정신 건강을 재평가해보았으며, 그 결과 정신과 전문의의 감정과는 다른 결과가 나왔다고 솔직하게 말하는 거다. 변호인이라는 우리의 역할은 불가피하게 새로운 평가를 받아들일 수밖에 없었다. 변호인의 역할 문제는 이미 오랫동안 소통해온 것이었다. 우리의 역할은 어디까지나 의뢰인의 법적인 권리를 대변하는 것이다. 우리의 역할은 변함이 없다. 진실만 이야기하는 한에서, 가치 소통은 예나 지금이나 같다. 그리고 진실은 단순하다. 성탄절까지 우리는 의뢰인에게 책임능력이 없다고 하는 것이 그를 위한 최선이라고 확신했다. 그러나 정신과 전문의의 감정서를 검토해본 결과 상황은 변했다. 우리 의뢰인이 마음을 고쳐먹었다. 아니, 더 정확히 말하자. 성탄절까지 의뢰인은 책임능력 문제에 개인적인 입장 표명을 하지 않았다. 이제 드디어 그는 자신의 입장을 정했다. 그는 자신이 형법이 요구하는 뜻에서 책임능력이 있다고 인정받기를 원했다. 그래서 우리 변호인단은 책임능력 인정이 의뢰인의 법적 이해관계와 맞는다고 간주되는 한, 이에 맞는 판결을 얻어내려 노력할 것이다.

며칠 뒤 우리는 구치소로 면회를 갔다. 기자들이 구치소 앞에서 진을 치고 기다렸다. 우리가 면회를 하고 난 뒤에 기자회견을 열겠다고 했기 때문이다. 전 세계에서 찾아온 기자와 사진기자의 질문이 빗발쳤다.

"마지막 기자회견에서 변호인은 그가 '정신이상(insane)'이라고 주장하지 않으셨습니까?"

내가 대답했다. "예, 맞습니다. 제 임무는 어떤 쪽이 의뢰인의 법적 이해관계를 가장 잘 대변하는지 최선의 길을 찾는 것입니다. 감정이 나오기까지 의뢰인은 책임능력 문제에 아무런 입장 표명을 하지 않았습니다. 그런 상황에서 우리는 의뢰인에게 책임능력이 없다고 하는 것이 그를 위한 최선이라고 해석했습니다. 그러나 이제 그는 자신의 책임능력을 인정받기를 원하고 우리가 이를 대변해주기 원합니다. 그의 이런 입장을 대변해주는 것이 우리의 임무입니다."

"그러나 리페스타드 씨, 일주일 전만 하더라도 정반대의 주장을 하지 않으셨습니까? 어떻게 생각하십니까?"

"변호인이라는 제 역할에서 저의 개인적인 생각은 중요하지 않습니다. 결정적인 것은 법정에서 의뢰인의 이해관계를 대변해주는 것입니다. 이제 그는 이 문제에 명확한 대답을 내놓았습니다. 구치소에서 의뢰인을 진단한 의학 전문가 역시 의뢰인의 이런 입장을 확인했습니다. 감정인은 정신 건강 상태를 공식적으로 확인할 때 가장 중요한 것은 의뢰인의 현실적인 자기 평가라고 받아들였습니다. 저는 변호인으로서 이런 사정을 전해드려야만 합니다. 말씀드린 그대로입니다."

하마터면 나는 나 자신을 위해서가 아니라 의뢰인을 위해서 이 사건을 맡았다고 덧붙일 뻔했다. 그러나 참았다. 그런 발언은 더 많은 질문만 도발할 뿐이기 때문이다. 나는 브레이비크의 정신 건강 상태에 대한 팀 내부의 의견 차이도, 그 문제로 팀에서 격론이 벌어졌다는 것도 말하지 않았다. 그렇지만 나는 우리의 신뢰를 무너뜨리지 않는 선에서 충분한 정보를 주었다. 언제나 그렇듯 해결책은 간단하다. 나는 앞뒤의 서로 다른 결정이 어떤 토대 위에서 이루어졌는지 밝히고, 변호인의 역할을 분명히 하면 그만이다. 달리 말할 유일한 대안은 이것뿐이다, '노코멘트.'

우리가 얼마나 신뢰할 만하게 반전을 설명했는지 하는 것은 다른 사람이 판단할 문제다. 어쨌거나 나는 논란이 상대적으로 빠르게 가라앉았다고 느꼈다. 우리는 이해를 구하기 위해 빙빙 돌려 말할 필요가 전혀 없다. 오로지 바위처럼 든든하게 진실에 충실하기만 하면 된다. 그런 이유로 우리는 수사의 진행 내용이나 재판 관련 사항에 대해 더 많은 정보를 알려달라는 압력에 굴복하지 않았다. 형사재판 피의자라고 해서 일반적인 개인 정보 보호가 허용하는 것 이상으로 그에 대한 정보가 누출되어서는 안 된다. 민주주의 사회의 시민이라면 누구나 이런 정보 보호의 권리는 요구할 수 있다. 진실을 말한다는 것은 반드시 모든 것을 말해야 함을 의미하는 것이 아니라, 적어도 자신의 입을 통해 나가는 말은 사실 관계와 부합해야 함을 의미할 따름이다.

공공 분야의 정책에서 이해 당사자가 각자 자신의 입장만 고집해 논란이 빚어지는 것을 볼 때마다 나는 왜 가치 소통이 더 활발하게 일어나지 않을까 자문한다. 소통을 통해 공동의 가치가 가지는 중요성을 새기고, 가치를 더욱 든든히 다져나간다면, 우리는 훨씬 더 쉽게 플랫폼, 서로 입장은 다를지라도 모두 편안하게 느낄 수 있는 소통의 플랫폼을 창출할 수 있다. 이런 플랫폼에서 보면 우리는 다른 사람의 행동을 훨씬 더 잘 이해할 수 있다. 가치를 공감하는 플랫폼을 가진 사회는 어떤 결정과, 이 결정을 내린 절차가 이런 가치와 일치하는지 쉽사리 판단할 수 있다. 이처럼 소통은 한 사회가 긍정적으로 발전할 수 있는 좋은 표준을 마련해준다.

예를 들어 오슬로의 아케르Aker 구에서 일어났던 것처럼, 하룻밤 사이에 16만 명의 환자들의 담당을 바꾸느라 법석을 떠는 일*은 병원의 존재 의미와 목적에 맞는 일일까? 그 일이 환자와 가족, 그리고 환자의 필요를 해결해주기 위해 질서 있는 근무 환경에서 일해야 하는 병원 직원에게 도움이 되는 일일까? 아니면 이런 결정을 내린 다른 숨겨진 이유라도 있는 것일까? 만약 후자라면 그들은 정말이지 소통에 어려움을 겪을 것이다. 그들은 진짜 이유를 숨기기 위해 가짜 구실을 꾸며내야만 한다. 그런데 직접 대놓고 거짓말을 하는 사람은 극히 드물기 때문에 이른바 커뮤니케이션 기술자가 등장한다. 이런 기술자가 하는 일은 뜨거운 감자를 요리조리 굴려가며 두루뭉술하게 표현함으로써 진실도 거짓도 말하지 않는 것이다.

그러나 좋은 소통의 근본 원칙은 전달하고자 하는 바를 정확히 말할 뿐만 아니라, 그 메시지를 받는 수신자가 어떤 상황에 처해 있으며, 무엇을 알아야만 하는지도 고려해야만 한다. 발신자의 불편 여부는 고려의 대상이 아니다.

사람들은 대개 답변을 피하고 주의를 다른 곳으로 돌리려 한다. 정치가는 흔히 이런 말을 한다. "먼저 제게 말할 기회를 주십시오……." 그리고는 구체적인 답변을 하는 대신 전혀 엉뚱한 다른 이야기를 주절주절 읊어댄다. 물론 질문과 상관없는 진짜 이야기를 말하는 것을 두고 부정직하다고 할 수는 없다. 그러나 이런 태도는 다른 진짜 이야기를 빌려다가 원래 요구된 이야기를 가리는 것일 뿐이다.

- 1895년에 설립된 아케르 대학 병원이 2009년에 오슬로 대학교 병원으로 바뀌면서 합병이 강행되었고 그 과정에서 소동이 벌어졌던 듯하다. 노르웨이 보건 체계는 해당 지역의 인구 전체를 관할 병원이 관리한다.

솔직함은 돈을 주고 살 수 있는 것이 아니며, 맘대로 갈아입을 수 있는 옷도 아니다. 솔직함은 내면에서 우러난다. 인격의 일부랄까. 사람은 솔직하거나 아니거나 둘 중 하나다. 그리고 뭔가 잘못을 저질렀다면(이것은 누구에게나 한 번쯤 일어나는 일이다.), 솔직한 태도는 오로지 이 잘못을 인정하고 뉘우치는 마음을 보여주며 앞으로 같은 실수를 되풀이하지 않기 위해 해야 할 일을 찾는 것이다.

비난받아 마땅한 일을 저질렀으며 그 일로 가까운 사람에게 폐를 끼쳤다면, 이는 관계가 예전과 같은 가치 플랫폼 위에 서 있는지 돌이켜볼 좋은 기회가 될 것이다. 그리고 분명한 답을 찾을 수 없다면 우리는 이렇게 자문해야 한다. 원래의 출발점으로 되돌아가려면 관계 당사자들은 무엇을 해야만 할까?

이 지점에서 '가치 소통'은 '해결 지향적 소통'으로 넘어간다. 정확히 언제 이런 이행이 일어나는지 하는 문제는 관계 당사자들 사이에 감정의 골이 얼마나 깊으냐에 따라 달라진다. 정확한 시점을 예측하기는 어렵다. 최고의 커뮤니케이션 기술자라 하더라도 하룻밤 사이에 감정을 뒤집어놓을 수는 없다. 이런 변화 역시 내면에서 우러나와야 한다. 심장의 뜨거움으로.

아마도 상대와 더는 같은 가치를 공유하지 않으며, 관계를 계속 유지하는 것이 무의미하다고 밝혀질 수도 있다. 그럼 적어도 어느 쪽으로 나아가야 좋을지를 확실히 알 수 있다. 그

러나 오로지 진실에만 충실하고자 하는 태도로 본래 중요
한 가치 토대에 맞추어 사안을 검토해본다면, 적어도 감정에
치우치지 않고 어떤 것이 올바른 행동인지 선택할 수 있다.

　우리 팀 내부에서 매일 직면하는 잔혹함을 이겨내고 동기
부여가 강력한 힘을 발휘할 수 있었던 것도 가치 소통 덕분
이었다. 우리가 대중매체를 통해 노르웨이 국민과 나누는 소
통도 같은 전략이었다. 이 소통은 노르웨이 국민이 단결해서
민주주의 법치국가를 지키도록 힘을 모아주었다. 이 소통이
이뤄지도록 우리가 최선의 노력을 다한 것이 자랑스럽다. 대
다수 국민은 변호인으로서의 우리 임무가 이 법치국가를 떠
받치는 중요한 기둥임을 이해했다.
　나는 우리가 커뮤니케이션 전문가의 도움을 받느냐는 질
문을 자주 받았다. 대답은 '아니다'이다. 그러나 도움을 주겠
다는 제안은 많이 받았다. 대개 무보수로 돕겠다고 했다. 명
예롭게 참여하고 싶다거나, 흥미로운 경력이 필요하다는 것
이 그 이유였다.
　우리는 도움이 필요하지 않았다. 우리가 원하는 소통은 팀
이 자체로 해결했다. 지금 되돌아봐도 나는 그런 전문가가 뭘
해줄 수 있는지 잘 모르겠다. 우리가 구축한 기반 위에서 소
통은 지극히 자연스럽게 이루어졌다. 다른 전략이라고 해봐
야 오로지 외부 요인을 고려하는 것뿐이었다. 예를 들어 그
때그때 어떤 것이 더 현명한 전술인지, 또는 가장 합리적인

선택인지 하는 것이 그런 요인이었다. 그렇지만 우리가 왜 외부 요인에 목을 매야 할까? 우리의 임무는 오로지 우리가 신뢰를 잃지 않으면서 의뢰인의 입장과 법적 권리를 중개해주는 일이었다. 신뢰 상실은 우리 일의 기초를 허물기 때문에 절대 용납될 수 없다.

신뢰를 중시한다고 해서 인기를 의식해야 하는 것은 아니며, 그저 좋은 평판만 의식하는 태도 역시 필요하지 않다. 좋은 평판은 자신이 하는 일에 충실하면서, 진실을 말하되 동시에 규칙이 정한 경계를 넘어서지 않을 때 얻을 수 있다. 인기를 노리고 허상을 꾸며대는 전술적인 소통은 그 속내를 쉽게 간파당한다. 발언할 때마다 외적 여건에 맞춰 정보를 고르는 태도는 가치 소통의 신뢰를 훼손할 뿐이다.

게다가 법적으로 쟁점을 다투는 사안이니만큼 외부의 소통 전문가에게는 제약이 많다. 우리는 그에게 사안을 충분히 심도 있게 알려줄 수가 없다. 그는 의뢰인과 직접 면담할 수 없으며, 이 대량 학살범의 기이한 본성을 들여다볼 수 없다. 그 잔혹한 살상을 자세히 묘사한 관련 서류도 읽을 수 없다. 또 나처럼 취조 현장에 앉아 몇 시간이고 브레이비크가 자신의 범행을 묘사하는 것을 듣지 못한다.

소통이 중요한 문제이기는 하지만 우리는 묵비 의무를 고려하여 해결책을 찾아내야 한다. 묵비 의무를 생각하면 우리는 전문가를 구치소 면회나 비공개 재판 또는 경찰서의 심문에 데려갈 수 없다. 결과적으로 전문가는 피상적인 수준으로만 사안에 접근할 수 있을 뿐이다. 의구심은 또 있다. 대체 그런 소통 전문가의 도움을 받아야만 전달되는 메시지라는 게 무엇일까?

언론도 우리에게 더는 큰 문제가 아니었다. 기자가 너무 많고 아무 때나 전화를 걸어온다는 점만 빼고는. 그러나 이 문제에서도 우리는 필요한 평온을 가져다줄 실질적인 해결책을 찾아냈다. 기자들은 공감 능력이 부족하며 너무 배려가 없다는 이유로 자주 비판을 받는다. 나는 이 경우 오로지 두 가지 유형의 기자가 있다고 말하고 싶다. 한쪽은 유능한 기자, 다른 쪽은 매우 유능한 기자다.

나는 이 사건을 경험하면서 기자라는 직업을 더욱 존중하게 되었다. 물론 무리를 지어 취재 목표 인물을 따라다니다 보면 워낙 압박이 큰 탓에 경계를 넘어서는 일이 드물지 않게 일어나기는 한다. 그럼에도 나는 언론이 7월 22일의 테러를 다루며 첫날부터 국민의 국가관을 고양하는 일에 중요하고도 결정적인 기여를 했음을 강조하고 싶다. 언론 덕분에 우리는 사회 공동체의 가치와, 더불어 삶이라는 핵심 문제에 집중할 수 있었다.

언론이 정부나 정보부 혹은 경찰이 테러를 방지하기 위해 더 많은 노력을 기울였어야 한다고 비판한 것도 나는 적절하다고 생각한다. 그리고 희망컨대 이 문제로 우리가 많은 것을 배웠으면 한다. 전반적으로 언론 보도의 바탕에는 우리가 공통된 이해관계와 공동의 목표를 가진 하나의 국가의 국민임을 분명하게 보여주려는 저널리즘이 깔려 있다. 언론은 공동의 목표, 즉 전체주의 사고방식을 퇴치하며, 마땅히 책임져야 할 범인에게 책임이 있음을 밝히려는 목표에 충실했다. 바로 그런 이유로 언론은 책임능력이라는 문제에 매달렸던 듯하다. 나는 언론이 이 문제를 그처럼 중시하는 것을 보고 놀랐다. 전체 언론은 브레이비크가 책임능력을 인정받는 문제에 대단한 비중을 두었다. 이 문제의 보도에서 대다수 언론은 법의학 전문가의 감정보다는 자신들의 독자적인 평가를 더 중시했다. 그러나 내가 보기에 법의학 전문가의 감정은 나무랄 데가 없었다.

언론은 우리와 같은 가치관을 가졌다. 그런 이유로 우리는 비교적 쉽게 기자들과 열린 태도로 소통할 수 있었다. 비록 이따금 격렬한 반응에 부딪치기는 했지만 말이다. 예를 들어 내가 초기에 기자들에게 의뢰인이 자신의 행위를 후회하지 않는다고 말하자 많은 기자들이 놀란 입을 다물지 못했다. 몇몇 기자는 콧잔등을 찡그렸다. 도대체 왜 변호인은 공개적으로 의뢰인이 아무것도 후회하지 않는다는 말을 할까? 그런 발언은 마치 더 엄한 처벌을 내려달라고 청원하는 것이나 다를 바 없지 않은가. 기자들이 보기에, 나는 전술적 애매함을 담아 "저는 그가 후회한다는 인상을 받았습니다."라거나 아예 무뚝뚝하게 "노 코멘트."라고 대답했어야 마땅했다. 그러나 나는 더 정확하게 말하지 못한 것이 안타까울 뿐이다. 브레이비크는 자신에게 한 번만 더 기회가 주어진다면 더욱 확실한 테러를 벌이겠다고 똑똑히 말하지 않았던가.

경찰이 심문을 벌일 당시 나는 그에게 구체적으로 이렇게 물었다. "기자들의 질문을 받으면 당신이 후회하고 있다고 말할까요?" 그의 대답은 간결했다. "나는 아무것도 후회하지 않습니다. 그렇게 말하세요." 그러니까 나는 진실을 말했다. 내 의뢰인이 원한 그대로. 의뢰인의 희망대로 처신하는 것이야말로 결국 나의 임무가 아닌가. 내 입장에서 보면, 내가 이런 솔직한 발언을 하는 것은 노르웨이 국민에게 앞으로 벌어질 재판에 마음의 준비를 할 수 있도록 기회를 주는 것이었다.

여론은 빠르게 바뀐다. 그것도 대개 근시안적인 이유로. 우리는 이런 정황을 염두에 두고, 평판을 더럽힐까 두려워서 전전긍긍하며 발언 하나하나를 조심할 생각일랑 하지 말아야 한다. 나는 기막힌 타이밍에 찍힌 사진 한 장, 실언 한마디 또는 어떤 작은 실수 하나로 우리가 천당에서 지옥으로 떨어진다고 생각하지 않는다. 오히려 확고한 가치에 바탕을 둔 견실한 입장을 명확히 밝히고 항상 최선을 다한다는 자세로 임한다면, 이런저런 실수를 바로잡을 여지는 언제나 주어진다. 그러므로 실수를 저지르자마자 곧바로 신뢰를 잃는 것은 아닐까 전전긍긍할 필요가 없다. 실수를 솔직하게 인정하고 바로잡겠다는 의지를 보일 때 심지어 평판은 더 나아질 수 있다. 어쨌거나 똑같은 실수를 되풀이하지 않는 한.

유명한 커뮤니케이션 회사의 대표가 우리에게 마치 가족

사진과 광고 화보를 뒤섞은 것 같은 약간 우스꽝스러운 사진으로 평판을 그르치고 말았다고 지적했을 때 나는 몹시 놀랐다. 우리는 노르웨이 변호사가 담당했던 사건 가운데 아마도 가장 어려운 사건을 해결했다. 그럼에도 몇 장의 이례적인 사진이 모든 것을 파괴했다? 이런 반응은 커뮤니케이션 전문가가 사안의 진지한 의미를 거의 파악하지 못했음을 보여준다.

나는 그 대표의 지적에 변호사든 아니든 모든 인간의 평판은 치즈나 자동차 따위의 상품 이미지와 비교할 수 있는 것이 아니라고 반론하고 싶다. 인간 평판의 기초는 멋들어진 사진보다 훨씬 더 본질적인 것이다. 잠재적 고객을 설득하기 위해 프로의 조언을 받지 않고 홍보라는 험난한 길을 가는 것은 어리석은 일이라고 말하는 것은 그저 커뮤니케이션 업체의 영업 방식일 뿐이다. 두려움을 조장하는 것이야말로 익히 알려진 판매 전술이며, 홍보업계도 마찬가지다. 그리고 그런 에이전트가 근본 가치를 중시하는 기업이 작은 실수로 당장 끝장난다고 믿는다면, 그것이야말로 그에게 돈을 가져다바치느니 차라리 독자적인 전략을 구사해야 하는 이유이다.

물론 나는 모든 커뮤니케이션 전문가가 다 똑같다고 말하는 것은 아니다. 대개는 겸손하며 진심으로 사업을 도우려고 노력한다. 그들은 가치를 지키고 키우는 공동체 작업에 기여하고 싶어 한다. 우리의 재판 역시 어느 모로 보나 이런 공동체 작업이었다. 그리고 그 성공 여부는 모든 관련 당사자들이 조화를 이루고 외부와 소통하려고 노력하는 자세에 달려 있었다.

그럼에도 나는 많은 변호사들이 언론과 방송을 통해 유명해지고 싶은 유혹에 사로잡힌 나머지 정작 재판 준비는 소홀히 하는 것을 보며 놀랄 때가 한두 번이 아니다. 깊은 슬픔에 사로잡힌 사람들을 대변할 때는 섬세하게 배려하는 자세가 꼭 필요하다. 특히 해당 사건의 처리 과정 대부분이 여론이라는 공공 공간에서 이뤄질 때 이런 배려는 필수적이다. 그럼에도 많은 변호사들은 타협이라고는 모르는 자세로 공격을 일삼으며 경찰, 검찰, 법의학 전문가를 싸잡아 비난하곤 한다. 더욱이 경쟁에 눈이 먼 나머지 우리 동료까지 물고 늘어지는 것을 보면 나는 한숨이 절로 나온다.

그런 공격 중에는 대단히 개인적인 것도 있었지만 우리에게 큰 문제가 되지는 않았다. 그런다고 궤도를 이탈할 우리가 아니었다. 대개 우리는 그런 비판에 상대하지 않았다. 우리 의뢰인의 법적 이해관계를 건드리지만 않는다면. 그러나 언론은 그런 공격을 먹잇감으로 삼아 더욱 갈등을 조장했다. 이런 갈등은 희생자와 그 가족에게 전혀 도움이 되지 않는다. 내가 알기로 희생자와 그 가족은 대중의 주목을 부담스러워한다. 거리를 확보하는 살인범과 마주치고 싶지 않듯, 매일 신문에서 살인범의 사진을 보는 것도 역겹고 괴로울 뿐이다.

공격적인 변호사들이 언론의 부추김을 받아 그러는 것인지는 내가 판단할 수 없는 문제다. 부수소송을 맡은 변호사야 당연히 원고의 대변인 노릇을 해야 하며, 이런 역할을 적절히 수행하려 노력한다. 피해자 가족의 비극을 오랫동안 옆에서 지켜보아야 하는 것이 엄청난 부담을 준다는 점은 나도 잘 아는 사실이다. 아마도 이런 부담을 덜어버리려 경찰, 검찰, 법의학 전문가를 싸잡아 비난하는 공격적인 태도가 나타나는 것일 수는 있다.

그래도 재판관 앞에 서면 변호사의 그런 쌀쌀맞은 태도는 언제 그랬냐는 듯 사라졌다. 법정에서 그들은 따뜻한 가슴을 가진 인간, 피해자에게 필요한 바로 그런 공감 능력을 가진 인간이었다. 물론 우리는 여전히 재판의 쟁점을 두고 뜨거운 논쟁을 벌였지만, 그 논쟁은 방청객이 없는 뒷방에서만 이루어졌다.

재판의 초기 단계에 나는 우리 팀이 소통 전략에 충실하면 우리 팀을 향한 비판의 목소리가 잦아들 거라고 믿었다. 그러나 현실은 달랐다. 아마도 우리처럼 작은 법무법인, 거의 이름이 알려지지 않은 법무법인이 변호는 물론이고 소통 작업도 외부의 도움을 받지 않고 성공적으로 이뤄내는 모습에 의구심을 가지며 불쾌해하는 사람들이 적지 않았던 모양이다.

일간지《VG》는 사정에 밝은 관계자로부터 들었다며 우리의 신뢰성에 집중포화를 퍼부었다. 신문은 그 관계자를 '다른 변호사'라고 둘러대곤 했다. 우리는 끊임없이 브레이비크가 곧 변호사를 바꿀 것, 늦어도 해당 기사를 읽는다면 바꿀 것이라는 보도를 보았다.

그것은 정말이지 악의적인 보도였다. 우리는 모든 신문을 네 개의 신문철로 모아 브레이비크에게 건네주었다. 우리가 그를 어떻게 대변하고 있는지 확인하라는 의도였다. 우리 팀 외의 누구도 우리가 의뢰인과 무슨 이야기를 나누는지 짐작조차 할 수 없었다. 또 성실한 변호사라면 그런 면담 내용을 공개적으로 흘려서는 안 된다는 점을 잘 안다. 주변이 온통 시기심과 악의로 얼룩졌다. 나는 이런 식의 공격이, 많은 수익을 올려주는 특권층 의뢰인을 꾀기 위한 일종의 홍보 전술이라고 생각했다. 브레이비크 재판을 치루고 나서야 나는 어떤 법무법인이 같이 일해도 좋은 곳인지, 어떤 법무법인이 같이 일해서는 안 되는 곳인지 깨달았다.

심지어 어떤 변호사는 자신이 맡은 의뢰인의 이름을 내세운 편지를 브레이비크에게 보냈다. 그 의뢰인이라는 사람은 만약 브레이비크가 자신의 변호사를 선임한다면, 담배와 과자와 같은 편의를 쉽게 얻을 수 있다고 친절하게 안내했다. 편지를 읽은 브레이비크는 너털웃음을 터뜨리며 자신도 광고 일을 해보았지만, 이처럼 형편없는 광고는 처음 본다고 말했다. 교도소에는 변호사가 내세운 이름의 수감자가 존재하지 않았다.

다행히 주변에는 우리 일이 얼마나 까다로운 일인지 이해하고 지원해주는 변호사도 적지 않았다. 이들은 선의에서 우러난 조언을 아끼지 않았으며, 우리가 언론의 공격을 받을 때면 격려 전화를 해주곤 했다. 우리는 기회가 있을 때마다 변호사협회와 다른 법무법인 변호사들과 대화를 나누었다. 이들은 친절하고도 너그럽게 자신의 경험을 공유해주었다. 요란하게 떠벌리는 일도 없이. 이런 동료들은 어려운 상황에서 정말이지 귀중한 도움을 주었다.

브레이비크라는 이름의 서커스

— 어느 대량 학살범의 사이코그래프[●]

   우리가 의뢰인의 책임능력 문제와 관련해 소통으로 반전을 이끌어내는 동안 레베카는 위험한 패혈증으로 병원에 입원해야만 했다. 아내가 임신 말기인지라 나는 병실에서 업무를 보아야만 했다. 이렇게 해서 나는 저녁에 되도록 많은 시간을 가족과 보낼 수 있었다. 1월 3일의 일기장에 나는 이렇게 썼다.

   병실에 앉아 일하고 있다. 레베카 옆에 있으면 나는 집중이 잘된다. 레베카는 매일 생명이 얼마나 섬약한 것인지 내게 일깨워준다. 참으로 믿기 어려운 노릇이다. 나는

● 개인의 사례(事例), 성격 특성, 정신적 특성 따위에 관한 기록. 또는 이를
  나타낸 도표. '인격 프로필'이라고도 한다.

77명의 목숨을 빼앗은 남자를 변호하는 반면, 레베카는 기계 장치에 의존해 생명을 유지한다. 재판이 빨리 끝난다면 좋겠다. 나는 내가 믿는 것에서 힘을 얻는다. —— 내가 믿는 것은 법치국가의 원칙 그리고 공정한 재판을 받는 것이 우리 민주주의에 매우 중요한 일이라는 것이다. 나는 레베카가 여섯 주 뒤면 태어날 아기를 볼 수 있기를 신에게 기도한다.

집으로 일거리를 가져오는 것을 피할 수는 없었지만, 나는 아이들과의 접촉에는 소홀함이 없으려고 노력했다. 새해를 맞고 며칠 지난 어느 날 저녁 나는 식탁에 앉아 한 무더기의 서류들을 살폈다. 그때 미와 요세피네는 내 아이폰을 가지고 놀다가 지나가듯 내 트위터 계정을 만들어도 좋은지 물었다. 나는 별생각 없이 그러라고 했다. 그러나 놀라움은 아이들이 반년 전 페이스북에서 발견했던 것만큼이나 컸다. 불과 며칠 만에 계정은 3,000명의 '팔로워'를 자랑했다.

그리고 팔로워는 갈수록 늘어났다. 나는 그 수를 헤아리기를 멈추고, 지금 또 무슨 일을 벌인 거야 하고 자문했다. 나는 거기에 무엇을 어떻게 써야 하는지 몰랐다. 젊은 대중매체 전문가 미와 요세피네는 트위터에 올리는 글은 최대 140자 이내로 짧아야 한다고 말했다. 이른바 '소셜 대중매체'를 잘 알지 못하는 나는 트위터가 어떤 반응을 불러올지 몰라 걱정이 되었다. 예를 들어 "지금 구치소에 앉아 브레이비크를 기다린다."라고 쓰면, 기자들이 진을 치고 나를 기다릴 게 아닌가. 혹은 이렇게 쓰면 어떨까? "오슬로 법원에 청원서를 썼다. 브레이비크는 책임능력을 인정받고자 하며 새로운 감정을 원하지 않는다." 이 정도는 소통에 도움이 될 것 같다. 그러나 일단 바위가 구르기 시작하면 막을 수 없듯, 나는 '트위터' 탓에 한시도 조용히 있을 수 없으리라.

그 밖에도 나는 이런 사건에 소셜 미디어를 쓴다는 것이 그다지 내키지 않았다. 요세피네와 미는 그런 나를 이해할 수 없다는 눈빛으로 바라보았다. 아이들이야 이 대중매체와 함께 성장한 새로운 세대라 대중매체 사용이 일상이다. 반대로 나는 이런 대중매체가 빚어내는 역동적인 드라마를 따라가기가 벅차다. 근본적으로 나는 그다지 큰 수고를 들이지 않고도 주변에 변호사로서의 활동을 알릴 효과적인 방법을 찾아본 적은 있었다. 그러나 내가 트위터를 하면 모두 여기에 달라붙어 더 많은 정보를 요구할 것이 불을 보듯 훤하지 않은가.

오드와 토르는 나보다 더 소셜 미디어를 잘 알고 있어서, 이것이 우리의 목적에 알맞지 않다는 판단을 내려주었다. 트위터 사용은 우리가 그저 유명해지고 싶어 이 사건을 맡았다는 비난에 호재가 될 것이 분명하다는 것이었다. 그 밖에도 우리의 소통 목적과 트위터는 서로 맞지 않았다. 우리는 그저 겉으로 드러나지 않으면서 의뢰인의 권리를 지켜주고 싶을 뿐이었다. 물론 의뢰인의 정치적 메가폰이 되지도 말아야 했다. 대중의 더 큰 주목을 끄는 대중매체는 우리의 소통에 맞지 않았다.

책임능력 문제를 브레이비크와 끝까지 토론하고 정리하고 나자, 더욱 힘겨운 논쟁거리가 우리를 기다렸다. 바로 증인 채택 문제였다. 우리는 누구를 증언대에 세워야 할까? 브레이비크는 자신이 원하는 증인의 긴 명단을 만들었다. 그 면면은 주로 그가 보기에 노르웨이를 다문화 사회로 만든 원흉이었다. 이들을 증언대에 세움으로써 그 책임을 따져 묻겠다는 것이 브레이비크의 속셈이었다.

이로써 의뢰인은 재판을 자신의 정치 무대로 삼겠다는 의도를 분명히 드러냈다. 우리는 어이가 없어 서로 얼굴을 마주 보며 고민에 빠졌다. 우리는 재판의 핵심이 다른 누구도 아닌 아네르스 베링 브레이비크이며, 그의 악행에 책임을 묻는 것이라고 어떻게 설명해줘야 좋을까? 지난 30년 동안 민주주의의 합법적 절차를 준수해가며 선출된 정치가들에게 책임을 묻는 자리가 아니라는 것을?

브레이비크가 명단에 올린 사람은 두 부류였다. 한쪽은 다문화주의로 나아가도록 '유혹한' 정치가, 학자, 기자였다. 예를 들어, 옌스 스톨텐베르그, 그로 할렘 브룬틀란, 코레 빌로크Kåre Willoch 등 역대 총리들을 비롯해, 국회의장을 지낸 다그 테리에 안데르센Dag Terje Andersen과 요 벵코브Jo Benkow 등이었다. 다른 쪽은 브레이비크의 정치관이 옳다고 강변해줄 극우파를 대표하는 인물들이었다.

우리가 보기에, 브레이비크는 재판정을 서커스 무대로 만들려는 것이 분명했다. 유일한 목적은 자신의 정치적 입장에 더 많은 주목을 끄는 것뿐이었다. 예를 들어 그는 옌스 스톨텐베르그를 위시한 지도적 정치가에게 면전에서 이렇게 묻고 싶은 것이다. "왜 당신은 나의 조국을 파괴했습니까?"

언론은 누가 증언대에 서게 될지를 두고 온갖 추측성 기사를 쏟아냈다. 브레이비크 자신도 이런 보도 행태에 적극적으로 불을 지폈다. 그는 증언대에 세우고 싶은 사람의 명단을 적은 편지를 여러 신문사로 보냈다. 마치 총리를 비롯한 정치가들이 정말 법정에 나올 것처럼, 이 명단은 상당히 무비판적으로 공개되었다. 이로써 언론은 될수록 많은 주목을 끌기를 원하는 테러리스트에게 충실히 봉사했다.

우리 변호 팀은 그의 정치적 입장에 전혀 동의하지 않았지만, 그와 정치 문제에 대한 토론을 벌이지는 않았다. 그는 틈만 나면 우리를 도발해 토론을 벌이려 했지만 우리는 결코 말려들지 않았다. 그에게 정치 교육을 시키는 것이 우리의 임무는 아니었기 때문이다. 그 대신 우리는 법적인 측면에만 집중했다. 우리는 형사재판과 아무 관련이 없는 인물들을 증언대에 세우는 것은 오히려 그의 입지를 약하게 만들 뿐이라고 설득했다. 그러나 최대한 주목을 끌기로 작심한, 심지어 철저히 준비한 그는 우리의 설득을 한사코 외면했다. 원하는 인물을 증언대에 세울 수 없다면, 그는 법정을 순교자의 서커스 무대로 만들어버리겠다고 으름장을 놓았다.

브레이비크는 그칠 줄 모르는 편지를 받았다. 사람들은 대부분 편지를 직접 구치소로 보냈지만, 우리 사무실로 보낸 것도 적지 않았다. 의뢰인이 서신 교환 및 면회 통제를 받을 때만 하더라도 우리는 어떤 사람들이 편지를 보내는지 알 수 있었다. 증오와 분노를 담은 것이 대부분이었지만, 청혼, 격려, 응원과 함께 법정에서 싸우는 요령 등을 담은 편지도 적지 않았다.

1월 13일 오슬로 법원은 새로운 범죄심리학자 두 명을 선임하기로 결정했다. 이를 두고 나는 일기장에 다음과 같이 썼다.

이 일이 대중과 언론의 바람대로 일어났을까? 변호인도 검찰도 새로운 감정을 요구하지 않았다. 우리는 이 사실을 의뢰인에게 알리고 어떤 반응을 보여야 할지 토론해야만 한다. 브레이비크와 우리는 함께 일하는 것이 좋을까, 아닐까?

나는 우리는 물론이고 검찰 역시 첫 번째 감정 결과를 인정하고 그에 맞춰 증인 채택을 했으면 무슨 일이 일어났을까 하는, 하나 마나 한 상상을 하지 않을 수 없었다. 그럼 법원 역시 공식적인 증거 채택에 따른 판결만 내려야 한다는 간단한 이유로 의뢰인에게 책임능력이 없다고 선포했을 가능성이 아주 높다. 그랬다면 재판 전체가 지금처럼 요란하게 진행되지 않았으리라. 브레이비크는 모든 범행을 자백했으며, 그때까지 단 하나의 증거도 문제가 되지 않았기 때문이다. 그럼에도 그가 죄의식을 가지지 않고 참회하는 태도를 보이지 않았다는 점은 심신미약이므로 책임능력이 없다는 의견과 맞아떨어진다. 그렇다면 분명 항의가 빗발쳤겠지만, 공소와 변호 사이의 갈등은 극적인 폭발을 일으키지 않고 잠잠해졌으리라.

증인 채택 역시 한결 더 쉬웠을 게 분명하다. 우리는 잠재적 정신병자인 피고인에게 법원이 정부의 고위층 인사들을 차례로 증언대에 세우도록 허락해서는 안 된다고 말할 수 있기 때문이다. 책임능력이 없는 피고인이 주요 정치인을 증언대에 세우려는 것은 정신 건강이 멀쩡한 피고인이 그러는 것보다 어차피 덜 시끌벅적했으리라.

그러나 브레이비크가 책임능력이 있다고 고집하는 바람에 재판 준비 과정은 온통 긴장으로 가득 찼다. 마치 중요한 스포츠 경기를 앞두고 누가 이길지 분석하고 결과를 알아맞히느라 정작 본 경기보다 더 긴장에 넘치는 전초전 같은 분위기였다. 전문가와 전문가가 대립하며 차례로 머리기사를 쏟아내는. 다만 도박사와 내기 업체만 없을 뿐이었다.

법원이 결정을 공지하고 이틀이 지난 뒤에 우리는 구치소에서 브레이비크와 면담했다. 우리는 증인 명단을 놓고 왈가왈부하지 않아도 될 거라고 생각했다. 이제 우리가 그와 의견을 정리해야 할 문제는 새로운 전문가의 선임을 계속 부정하고 항소해 고등법원으로 갈 것인지, 아니면 지방법원의 결정을 수용할 것인지를 선택하는 문제였다.

하지만 브레이비크는 계속해서 명단 문제에 대해서만 논쟁하려 할 뿐, 법원의 결정은 우리가 전적으로 알아서 하라는 입장을 보였다. 그는 다시금 감정을 받아 책임능력이 없다고 인정받든 인정받지 않든 상관없다고 말했다. 그리고 가장 중요한 문제는 국민들이 그를 어떻게 보는가 하는 것인데, 지난 두 주 동안 언론 기사들을 본 결과 대다수 국민이 자신의 정신 건강을 의심하지 않는다고 확신했다. 그래서 정신과 전문의가 뭐라 하든 상관이 없다나.

우리는 그에게 다음과 같은 기사 내용을 전해주었다. 즉, 7월 22일 전에 어떤 남자가 치안부에 전화를 걸어 브레이비크가 벌인 테러와 놀라울 정도로 비슷한 테러가 일어날 거라고 경고했었다는 내용이었다. 브레이비크는 히죽 웃으며 자신의 계획을 아는 사람이 분명하다고 말했다. 우리는 이 남자가 누구인지 물었지만 답을 얻지 못했다.

우리는 새로운 전문가의 선임에 대해 지방법원에 이의 신청을 했으나 성공하지 못했다. 이의 신청은 2월 초에 기각되었다. 우리는 이 문제를 대법원까지 끌고 갔지만, 노르웨이 최고 법원 역시 브레이비크의 정신 상태를 좀 더 철저하게, 즉 정신병원 '디케마르크Dikemark'에 수용하고 좀 더 오래 관찰한 뒤에 판단하는 것이 중요하다고 판시했다.

브레이비크에게 이 소식을 알려주자 그가 보인 첫 반응은 이랬다. "이건 새로운 기회입니다. 두 명의 새로운 전문가가 나의 책임능력을 인정한다면, 일대 서커스가 펼쳐질 겁니다. 무엇보다도 그들은 나를 직접 체험할 것이고, 어린 시절의 트라우마 운운하지 않을 것이기에 훨씬 더 좋은 기회가 될 겁니다. 그럼 내가 원하는 진짜 서커스가 벌어지는 거지요. 나는 이 기회를 철저히 이용할 겁니다."

그는 무대를 어떻게 이용해야 좋을지 정확히 알았다. 그의 정치 신념이 일반적이고도 현실적인 기준에 비춰 병적인 것은 사실이지만, 그는 영리한 두뇌를 자랑했다. 오늘날 그를 컬트* 대상으로 여기는 무리, 1,000명 단위는 아닐지라도 몇백 명의 추종자들이 엄존하는 이유는 달리 설명되지 않는다.

그는 젊은 시절 '진보당Fremskrittspartiet'에서 활동했다. 우익대중주의라는 평가를 받는 이 정당에서 그는 분명 직업 정치인을 꿈꾸었던 모양이다. 그는 이주민 문제를 다루는 정당의 태도를 보고 입당할 결심을 했다고 말했다.

당시만 하더라도 브레이비크의 인생은 순탄하지 않았다. 그는 점차 진보당 당원으로 이룰 게 많지 않음을 깨달았다. 몇몇 명예직을 차지하기는 했지만 별로 의미가 없는 자리였

● 컬트(Cult) : 소수의 사람들이 어떤 대상에게 열성적으로 찬사를 보내거나 숭배하는 독특한 문화를 가리키는 단어다. 이 현상은 다수의 사람들이 이해할 수 없다거나 기괴하다고 여길 정도로 강한 충성도를 보이는 경향이 있다.

기에 그는 실망했다. 분명 당은 그를 그리 높게 평가하지 않았던 모양이다.

지역 차원에서 정치를 해본 사람은 당의 요구를 충실히 수행할 때 출셋길이 열린다는 사실을 잘 안다. 그러나 브레이비크는 그렇게 하지 못했다. 그는 당이 지역 정치가에게 요구한 것을 제대로 충족해주지 못해 별다른 기회를 잡지 못했다.

브레이비크는 오랫동안 교분을 나눈 친구들이 적지 않았다. 법정에서 이 친구들은 브레이비크를 보고 성실한 동료라고 표현했다. 최근 몇 년 동안 연락이 뜸하기는 했지만, 그래도 늘 생각나는 친구였다는 말도 했다. 어느 모로 보나 브레이비크는 친구가 없는 외로운 늑대는 아니었다. 그러나 테러와 관련해서만큼은 외로운 늑대였다.

정당 활동이 별 성과를 거두지 못하자 그는 갈수록 가상 세계에 빠져들었다. 그는 많은 '인터넷 친구'가 있었으며, 사이버공간에서 활발한 소통을 나누었다. 그 밖에도 그는 온라인 게임에 열광했다. 그는 '월드 오브 워크래프트World of Warcraft'나 '콜 오브 듀티Call of Duty' 같은 전쟁 게임을 즐겼다. 이런 게임은 전 세계의 게이머들이 팀을 이루어 맞붙는 방식으로, 팀의 조직이 매우 복잡하기 때문에 사교성이 뛰어나야 한다. 어떤 증인은 브레이비크가 팀의 조직에 매우 능숙했으며, 자신을 팀에 맞출 줄도 알았다고 말했다.

그러니까 브레이비크가 일을 그만두고 다시 어머니 집으로 들어가기 전에 사회적으로 아웃사이더였다는 방증은 어디에도 없다. 그의 어머니는 조사를 받으며 아들의 태도가 이상하기는 했지만, 30년 전과 마찬가지로 누군가에게 도움을 청하거나 경고할 필요를 느끼지는 못했다고 말했다.

물론 어린 시절의 경험이 인간의 인격 형성에 큰 영향을 미치기는 한다. 하지만 내가 알아본 바로는 브레이비크의 어린 시절이 평균 이상으로 어렵지는 않았다.

2001년 헤르만센 사건을 다룰 때에도 나는 도대체 왜 청소년들이 인종차별주의에 빠지는지 의문을 품었다. 그 사건에서는 분명히 극우파의 영향이 두드러졌다. 극우파는 제복을 입었으며, 그에 맞는 음악을 들었다. 게다가 확연히 드러나는 상징을 내세우며 과격한 행동을 벌인 탓에 그 정체를 쉽게 알아볼 수 있었다. 당시 부모는 자녀에게 그런 세력과는 어울리지 말라고 쉽게 경고해줄 수 있었다.

10년 뒤 상황은 달라졌다. 브레이비크와 그 동류는 정치적 소속감을 나타내는 그 어떤 상징도 착용하지 않았다. 이들은 닫힌 공간에서 컴퓨터 앞에 앉아 배짱이 맞는 친구들과 소통했다. 그러므로 과격화는 눈으로 확인할 수 없었다. 'NSU'*의 살인자나 '피오르만Fjordmann'이라는 아이디를 쓰는 노르웨이 블로거는 겉으로 볼 때 두드러지는 특징이 없었다. 브레이비크 재판에서 증언대에 선 많은 증인과 브레이비

● NSU(Nationalsozialistischer Untergrund) : '민족사회주의 지하조직', 곧 나치스 지하조직이라는 이름의 테러 단체로 2011년에 발각되었다. 1990년대에 독일에서 여러 차례 테러를 벌여 많은 인명을 살상했다.

크 자신도 마찬가지였다.

나는 브레이비크가 과격해져서 결국 테러리스트가 된 주된 원인이 가상 세계의 활동이라고 생각한다. 테러를 벌이기 전 두 해 동안 그는 밀폐된 공간에서 상당히 외롭게 지냈다. 극우 성향의 네트워크 활동가의 영향을 받아 그는 무슬림이 유럽과 노르웨이를 접수하고 차례로 기독교를 무너뜨릴 것이라는 생각에 사로잡혔다. 전쟁 게임으로 그는 자신이 노르웨이를 일깨울 구세주라는 망상을 키웠다.

병적으로 들리는 이야기이기는 하다. 그러나 다양한 원인으로 말미암아 인격을 성숙시키지 못한 젊은이가 몇 년 동안이나 좁은 공간에서, 이를테면 '영웅과 모범'이라는 이름의 블로그에서 통계 자료와 역사적 사실을 오용하면서 말도 안 되는 정치, 종교, 문화의 왜곡된 세계관을 꾸며낸 것에 방향을 맞추다 보면, 이런 왜곡을 맹신할 가능성은 높아진다. 최악의 경우 그는 너무 늦기 전에 뭔가 일을 벌여야만 한다는 미친 생각에 사로잡힌다.

나는 모든 테러리스트에게 비슷한 특징이 있다고 생각한다. 대다수 테러리스트는 카리스마를 자랑하며 강한 암시를 주는 인물에게 흠뻑 빠진 나머지 이른바 '세뇌'를 당한다. 이슬람 테러리스트든 극우파 테러리스트든 이런 세뇌 과정은 똑같다. 심지어 불안정한 영혼을 잠식하는 이데올로기가 무엇인지는 완전히 우연일 수도 있다. 아무튼 배후 이데올로기는 항상 존재한다. 모든 테러리스트의 배후에는 최소한 한

명 이상의 이데올로그가 숨어 있게 마련이다. 물론 이런 논증은 브레이비크에게 책임능력이 있다는 전제하에 성립한다.

나는 브레이비크가 테러를 정확히 언제부터 계획했는지 알 수 없었다. 범죄심리학자 후스뷔와 쇠르헤임은 이 시점이 대략 2006년일 것으로 보았다. 그때부터 브레이비크는 외부와 단절된 생활을 하면서 생각 놀음에 빠졌기 때문이다. 나는 이 문제를 브레이비크에게 자주 물어봤다. 그는 2002년 또는 2003년부터 테러를 계획했다고 주장했다. 그렇다면 자신의 주장을 펼칠 유일한 방법이 테러라고 확신하고 실행에 옮기기까지 거의 10년이 걸린 셈이다.

이에 해당하는 시기, 특히 2006년 이후를 좀 더 정밀하게 조사해보면, 우리는 그가 불안한 정신병자가 아니라, 냉철하게 계산할 줄 아는 인간임을 알 수 있다. 그는 주식거래도 했다. 그는 노르웨이 역사상 최대 규모의 테러를 계획하면서 주변이 전혀 알아차리지 못할 정도로 치밀함을 보였다. 경찰의 감시망에 포착되는 일이 없이 유럽 전역을 여행하며 테러에 필요한 물품을 구입했다. 그는 정부 청사 구역을 폭파하기 위해 기술적으로 복잡한 폭탄을 제조했으며, 그 방법을 다른 잠재적인 테러리스트에게 알려주기도 했다.

그는 자신의 입으로 테러 공격은 끔찍한 행위라고 말했다. 그러나 정말 그렇게 생각하고 한 말일까? 나는 그 사람처럼 생각하면서 그를 조금이라도 이해해보려는 노력을 아끼지 않았다. 그는 도대체 후회라는 감정을 느낄까? 어떤 식으로든 후회하는 자세를 보였는가? 아니다, 나는 그렇게 믿지 않는다. 그러나 처음 몇 발 쏠 때는 온몸의 근육이 긴장할 정도로 끔찍했다고 그가 한 말을 나는 믿는다. 이후에는 모든 것이 자동조종장치를 켠 것처럼 이루어졌다는 말도. 그의 내면 어딘가에 자신의 행위가 너무나도 잘못된 것이라는, 다른 사람에게 고통을 안긴 것이 안타깝다는 깨달음은 틀림없이 있으리라. 그럼에도 그는 테러를 자신의 목적을 이루기 위한 필수 조건으로 바라보았다.

목적이 수단을 정당화하며 윤리와 도덕을 무시하는 이런 사고방식은 전체주의 정권에서 볼 수 있다. 브레이비크 자신은 제3제국*의 생체 실험을 그 예로 꼽았다. 의학이 발전해 다른 사람들의 생명을 유지시킬 수 있다면, 생체 실험의 고통쯤은 감수해야 한다나.

한 사람의 사회를 향한 증오는 사람들이 자신을 오해하고 인정하지 않으면서 따돌린다는 느낌을 받으면서 생겨난다. 이런 증오는 열악한 교육 수준과 맞물려 특정 이데올로기의 영향을 받을 때 특히 위험해진다. 결국 우리는 모든 국민을 일일이 돌보아야만 한다. 긍정적인 일에는 칭찬을 아끼지 않으며, 잘못된 일에는 단호히 맞서야 한다. 아마도 이런 태도가 노르웨이 국민의 전형적 특성으로 자리를 잡으려면 시간이 걸리리라. 바꿔 말해서 노르웨이 국민의 전형적 특성

---

* 나치스 통치하의 독일.

은 훌륭한 인간이어야만 한다. 이런 특성을 우리는 지켜야만 한다. 하지만 "나만 잘하면 그만이다."라는 태도는 독선을 낳을 수 있으므로 금물이다. 우리가 이런 점을 충분히 의식해야만, 브레이비크의 아류가 우리 가운데 자라나 7월 22일의 그처럼 되는 일을 예방할 수 있다.

증인 명단 문제는 재판이 본격적으로 열리기까지 의뢰인과 끝없이 씨름한 최대의 난제였다. 우리는 브레이비크에게 재판이 작동하는 방식을 설명해주고, 어떤 자세로 재판을 받아야 하는지 명확히 일깨워주려 노력했다. 만약 그가 재판의 핵심 쟁점인 테러 또는 책임능력 문제와는 전혀 관계가 없는 증인을 한사코 증언대에 세우겠다고 우긴다면, 재판은 정말이지 어려워진다. 우리는 증인 이름 하나하나를 두고 마치 시가전을 벌이는 군인처럼 싸웠다. 마치 끝없이 논쟁을 벌이면서도 조금도 입장 차이가 좁혀지지 않는, 서로 전혀 다른 세계에 사는 정적들처럼 싸웠다.

의뢰인과 변호사 사이에 꼭 필요한 신뢰를 거의 망가뜨릴 지경으로 몰아간 것이 있다면, 그것은 바로 무의미한 명단, 무작정 늘어진 긴 명단이었다. 증인 채택 마감 시한이 코앞에 다가왔는데도 명단이 정리되지 않아 우리는 거의 절망에 빠졌다.

오, 주여, 이를 대체 어쩌면 좋습니까 하고 나는 탄식했다. 우리는 단 한 명도 진지한 증인을 세울 수 없다. 브레이비크는 법정에서 변호사 교체를 선포하리라. 우리를 비난하던 모든 사람들이 의기양양해서 비웃으리라. "그러게 뭐랬어? 리페스타드의 작은 법무법인이 이런 사건을 어떻게 혼자 처리한다고……"

최악으로 암울했던 시간에 내 머릿속에는 다음과 같은 신문의 머리기사 제목이 떠올랐다. "조롱받는 변호사! 법 스캔들!" 더욱 심한 제목은 이랬다. "국가적 스캔들!" 전문가가 기둥처럼 우리를 받쳐주지 못한다면, 소통은 불가능하다. 정해진 시한에 맞춰 증인을 채택하는 것은 변호사가 지켜야 할 기본이다. 구속적부심에서 4주 동안 서신 교환 및 면회 금지가 내려진 것을 막지 못했던 실수가 새삼 뼈아프게 떠올랐다. 사람들은 교착 상태에 빠진 재판을 보며 지친 나머지 다음과 같이 생각할 게 틀림없다. '리페스타드라는 변호사는 입만 열었다 하면 법치국가와 민주주의 운운하면서 막상 재판이 임박하자 기본도 처리하지 못하네. 그가 말하는 안정적 법 운용이 이거야?!'

2월 6일의 일기장에 나는 이렇게 썼다.

나는 스트레스를 느끼기 시작했다. 가족, 특히 아내도 마찬가지다. 나는 아내에게 충분한 관심을 쏟아주지 않는다는 비난을 들었다. 이루 말할 수 없이 가슴이 아프다. 소중하고 소중한 아내마저 소홀히 하다니. 오늘 다시 판사와 재판 일정을 협의해야만 한다.

압력 아래서

— 브레이비크의 머릿속에서는
다문화 사회와의 전쟁이 계속되고 있다

2월 말의 일기장에 나는 다음과 같이 썼다.

레베카는 성탄절 이후 계속 병원에 있다. 여러 생각을
하게 만드는 상황이다. 인생은 불공평하다. 하지만 레베
카는 정말이지 내 영웅이다. 레베카는 환하게 빛날 정도
로 열정적이며, 절대 포기하지 않는다. 나는 모든 시련에
서 레베카처럼 생각해야만 한다.

드디어 아내가 딸 마디켄Madikken을 낳았다. 우리의 여덟
번째 아이다. 나는 아내 옆에서 출산을 지켜보았다. 차마 입
이 떨어지지 않지만, 머릿속이 하얀 것이 아무것도 기억나지
않는다. 우퇴위아에서 자녀를 잃은 부모를 생각하면 다시 아
빠가 되었다고 어떻게 말할까 하는 생각에 가슴이 먹먹해지

고 말았기 때문이다. 그리고 레베카는 다른 병원에서 생사를 다투고 있다. 어처구니없는 테러로 아이들이 목숨을 잃는가 하면, 새로운 생명이 태어나고, 레베카는 힘겨운 생존 투쟁을 벌인다. 이 무슨 모순인가. 나는 이 모든 것을 감당할 수 없을 것 같은 두려운 생각이 들었다.

나는 산적한 문제들의 우선순위를 정하고, 많은 감정을 다스려야만 했다. 잘 진행되는 모든 것은 무시했다. 유감이지만 아내와 갓난아기 그리고 다른 아이들이 이런 피해를 받았다. 어차피 이 시점에서 나는 베풀어줄 수 있는 것이 별로 없었다. 또 아무리 해도 바꿀 수 없는 것과 다른 사람이 해결할 수 있는 것들 역시 무시했다. 바꿔 말하면 그만큼 전력을 쏟아야 할 문제가 많았다. 레베카의 불안정한 상태와, 의뢰인과 만날 때마다 요동치는 재판 준비가 이런 문제에 해당했다.

두 문제에서만큼은 소홀함이 없어야 했다. 레베카와 함께 보내는 시간은 매 순간 지극히 소중하며, 재판에서도 나는 뒤로 물러설 수 없었다. 버거운 마음에 내가 믿는 모든 것을 포기해버린다는 것은 책임을 떠넘기는 태도와 다를 바가 없었다. 그래서 나는 여전히 돌발 상황에 대비해 병원에서 많은 시간을 보내면서 재판 준비를 할 수밖에 없었다.

나에게 유일한 위로가 되어준 것은 아내의 전폭적인 지지였다. 물론 아내는 자신이 사건을 맡도록 요구했다는 생각은 꿈에도 하지 못했다. 최악의 경우는 분명 가족을 배려한답시고 임무를 충분히 수행하지 못하는 것이리라. 딸의 간병과 재판 준비는 아무리 노력해도 힘과 시간이 턱없이 부족해 보였다. 나는 될 수 있는 한 많은 것을 팀원에게 떠넘겼다. 팀의 누구도 불평하지 않았다. 비베케와 오드와 토르는 때때로 나보다 더 힘겹게 일했으며, 누구라 할 것 없이 똑같이 심혈을 기울였다. 그러나 책임은 떠넘길 수 없었다.

당시 내가 가진 유일한 위로는 6개월이면 사건이 마무리되리라는 전망이었다. 재판은 4월 16일에 시작되어 대략 10주 정도 걸릴 예정이었다. 그 뒤에는 항소할 것인지 하는 문제가 남는다. 항소를 한다면 이는 적어도 1년이 더 걸린다는 것을 뜻한다.

그러나 그사이에는 여름휴가가 있으므로 쉴 시간이 충분하다. 우리는 'God Life(본래는 'Good Life'라 이름을 지었으나, 부주의한 탓에 'o' 하나가 빠졌다.)'라는 이름의 요트를 타고 항해를 할 예정이다. 가족 전체가 타기에 맞춤한 이 요트에는 이번에 새로운 선원이 탄다. 아내와 나는 하루를 마무리한 조용한 저녁 시간이면 레드와인을 한 잔씩 하며 일상과 인생과 사랑을 이야기하리라.

그리고 레베카가 충분히 힘을 회복하면 나는 딸아이와 함께 승마를 즐길 생각이다. 첫 번째 승마가 인공호흡기 탓에 한바탕 소동으로 끝나기는 했지만 레베카는 말을 타는 것을 아주 좋아했다. 그때 우리는 신이 나서 즐기다가 얼굴이 파래진 레베카를 보고 나는 깜짝 놀랐다. 인공호흡기는 배터리로 작동했는데, 오래된 배터리의 경우 잔량 표시계를 믿어서는 안 된다는 점을 나는 알아야만 했다. 화들짝 놀란 나는 전기를 꽂을 콘센트를 찾아 헐레벌떡 달렸다. 얼굴이 파래서 숨이 막혀 헐떡이는 아이를 팔에 안고 마구간으로 달리며 전기를 외치던 장면은 지금 생각해도 아찔하기만 하다. 마침내 나는 콘센트를 찾아 인공호흡기를 연결했고 레베카는 다시 숨을 쉴 수 있었다.

이런 소동의 경험은 7월 22일 사건에서 겪은 가장 혼란스러운 국면과 닮았다. 맙소사, 너 완전히 미쳤구나? 너 자신과 딸을 감당도 할 수 없는 위험에 내맡겨? 호흡기에 의존해야만 하는 딸을 데리고 말을 타? 딸을 보트에 태우다니, 그러다가 물에 빠지기라도 하면 둘 다 끝장인 줄 몰라? 심지어 오슬로 피오르의 포말에 섞인 박테리아가 딸의 생명을 앗아가기에 충분하다는 것을 몰라? 전범을 상대로 한 재판 이후 가장 어려운 사건의 변호를 자신이 감당할 수 있는지조차 모르고 맡아? 이런 모든 의문은 분명 정당한 문제 제기다.

나 자신에게 이런 비난을 하던 끝에 나는 이런 비난이 아무 짝에도 쓸모없다는 것을 분명히 깨달았다. 대안은 훨씬 더 열악하다. 아무런 도전도 하지 않는다? 그런 것은 인생이 아니다. 투쟁해야 할 가치가 전혀 없는 인생은 인생이 아니다.

물론 레베카를 침대에 뉘어두는 것이 가장 안전하기는 하다. 그러나 침대에 누워서만 지냈다면 레베카는 이미 이 세상 사람이 아니었으리라. 그리고 물론 브레이비크의 변호를 다른 변호사에게 떠넘기고 정시 출퇴근하는 생활을 하며 약

간 어려운 사건만 맡았다면 내 생활은 더할 나위 없이 편했
으리라.

내가 다른 청소년기를 보냈고 생사가 걸린 문제에서 결정
을 내려야만 하는 상황을 겪지 않았다면, 틀림없이 나는 7월
23일 아침에 첫 충동을 그대로 따라 더 쉬운 쪽을 택했으리
라. 심지어 유명해지고 싶은 욕구가 나의 동기였다면, 히틀
러에게 부역했던 비드쿤 크비슬링* 이후 노르웨이에서 가장
미움받는 남자를 변호하기보다는 더 쉬운 사건을 맡았을 것
이 틀림없다.

지금 와서 돌이켜보면 당시 나는 어떻게 하루에 14~15시
간을 일할 수 있었는지 의아하기만 하다. 다행히 밤에 잠은
잘 잤다. 잠잘 시간이 남는 한에서. 그럼에도 많은 경우 부당
하거나 불공정한 언론의 공격, 특히 다른 변호사의 공격을
받을 때면, 나는 분한 나머지 지구력을 얻을 수 있었던 것이
아닐까 자문하곤 했다.

나중에 나는 그런 외적 요인보다는 내면의 동기부여가 최
대의 추동력이었다고 확신했다. 재판을 앞둔 혼란스러운 몇
달 동안 최대의 압력은 언론이나 동료 변호사가 아니라 나의
내면에서 비롯되었다. 사건을 맡은 내내 우리를 괴롭혔던 것

● 비드쿤 크비슬링(Vidkun Quisling : 1887~1945): 노르웨이의 정치가로 나
치스가 노르웨이를 점령했을 때 총리를 지냈다. 그를 처형하기 위해 사형
제도를 부활시켰을 정도로 노르웨이 국민은 그를 증오했다. 크비슬링이라
는 이름은 '매국노'라는 단어로 자리 잡았다.

은 주로 두 가지 문제였다. 하나는 우리가 의뢰인의 법적 권리를 올바르게 지켜주고 있는가 하는 문제였고, 다른 하나는 피해자와 그 가족 그리고 슬픔에 젖은 국민을 충분히 배려하고 있는가 하는 문제였다.

우리는 이 두 가지 문제를 의식해가며 언어 선택에 신중을 기하고 행동을 조심했다. 우리로 하여금 충분히 겸손한 태도를 가지게 만든 이 두 가지 문제가 없었다면, 분명 우리는 안팎으로 커다란 상처를 입었을 것이다. 이를 위해 내가 지불한 대가는 단 하루도 마음 편할 날이 없었다는 것이다. 물론 레베카의 상태를 염려하느라 불안함이 더하기도 했다. 이처럼 불안에 시달리다 보니 나머지 가족과의 관계는 극에 달했다. 가족에게 베풀지 못하면, 그만큼 가족의 지원도 기대하기 힘들다. 가족이 의도적으로 지지하지 않아 그런 것은 아니다. 다만 지원이라는 것은 어디까지나 상호성에 기초를 두기 때문이다.

막대한 중압감에도 나는 속으로 참 행복한 남자라고 느꼈다. 그 이유는 우선 내가 무척 중요하다고 여기는 동시에, 내가 이 일에 성공한다면 사회를 위해서도 중요한 일을 하고 있다는 자부심을 느끼고 있었기 때문이다. 재판을 앞둔 모든 불안함과 레베카를 둘러싼 예견된 슬픔에도 나는 두 다리로 굳건히 설 수 있었다. 그 이유는 아마도 어차피 답이 찾아지지 않을 문제에 더는 매달리지 않고, 현재 내가 할 수 있는 최선이 무엇인지에 대해 고민하고 그 답을 명확하게 내렸기 때문인 듯하다.

레베카와 가족과 관련해서도 나는 같은 마음가짐으로 임했다. 나는 병든 딸을 위해 올바르게 행동하고 있는가? 그리고 나는 나머지 가족을 충분히 배려하고 있는가?

슬픔을 이겨낸다는 것은 결코 쉬운 일이 아니다. 슬픔은 절대 사라지지 않으며 항상 우리 곁에 있다. 사랑하는 아이가 내가 희망한 대로 성장하고 오래 살 수 없으리라는 현실이 주는 슬픔. 절대 어른이 되지 못하고 자신의 아이를 갖지 못할 거라는 슬픔. 그리고 어느 날인가 내 손으로 아이를 흙에 묻어야만 한다는 슬픔은 생각하는 것만으로도 힘을 깎아먹는다.

그러나 슬픔과 더불어 산다고 해서 건강을 기뻐할 수 없다거나 늘 우울한 생활만 해야 한다는 말은 결코 아니다. 오히려 반대로 가족과 같이 지내는 매일이 기쁨이다. 우리는 마음껏 웃고 잘 지내면서 가족뿐만 아니라 사회 전체를 위해서 얼마든지 의미 있는 일을 할 수 있다. 슬픔과 생명력은 서로 모순되는 것이 아니다. 나는 슬픔과 생명력이 사람을 긍정적으로 만들어준다고 믿는다. 우리를 좋은 인간, 좋은 시민으로 만들어 서로 잘 지낼 수 있게 만들어주는 것이 슬픔과 생명력이다. 결국 중요한 것은 우리가 살아 있다는 사실 그 자체다.

내가 보기에 가장 중요한 것은, 비록 상실의 슬픔이 크리라는 것을 잘 알면서도 움츠리지 않고 서로 사랑하는 자세다. 자녀를 가슴에 묻을 각오가 된 사람은 아이가 어떤 상태로 세상에 태어났든 상관없이 슬픔을 이겨낼 수 있다. 사랑의 힘은 얼마나 오랫동안 사랑이 지속되느냐에 따라 측정되는 것이 아니다. 가슴으로 와닿는 진정한 사랑은 그 어떤 시련도 이겨낼 수 있는 힘을 선물한다.

물론 건강한 자녀를 향한 사랑이라고 해서 병든 아이를 돌보는 사랑보다 약해서는 안 된다. 예를 들어 나는 미가 핸드볼 경기에서 첫 골을 넣고 기뻐하던 모습보다 더 아름다운 모습을 알지 못한다. 그 모습을 보며 나는 이 예쁜 딸이 앞으로 맞이할 가능성의 바다를 생각하며 온전한 행복감에 젖었다.

4월 2일, 즉 재판 시작을 2주 앞둔 시점에서 우리는 비로소 증인 채택에 합의했다. 우리 팀은 팀원 전체가 구치소로 브레이비크를 면회하러 가서 증인 명단을 확정했다. 브레이비크는 심지어 증인 문제가 우리와 그 사이의 관계를 위협할 최대의 난제라는 것을, 그리고 우리가 그의 생각을 무시하는 일이 없이 법적 전문성을 가지고 그의 권리를 지켜주길 원한다는 것을 이해하는 것처럼 보였다.

그렇지만 우리는 명단 문제가 우리가 당면한 법적 논쟁과, 그가 원하는 이데올로기 선전 사이에 갈등을 일으킬 수 있다는 우리의 생각을 그에게 결코 감추지 않았다. 다행히 브레이비크는 7월 23일에 나와 한 합의, 곧 우리는 법적 문제를, 그는 정치 문제를 각각 신경 쓴다는 합의를 깨지 않았다. 나는 브레이비크에게 형사재판의 중요한 원칙을 지키며 피고인석을 정치 연단으로 만들지만 않는다면, 재판하는 동안 자신의 입장을 밝힐 충분한 기회를 주겠다고 약속했다.

일주일 뒤 새로운 정신 감정이 도착했다. 다수의 심리학자, 정신과 전문의를 비롯해 다른 분야의 전문가들이 3주 동안 구치소와 디케마르크 정신병원에서 브레이비크를 관찰하고 진단해서 얻어진 결론이 이 감정서였다. 이에 보충해서 두 명의 새로운 범죄심리학자 테리에 퇴리센Terje Tørrissen과 앙나르 아스포스Agnar Aspaas가 첫 심문의 녹화 영상 및 다양한 기록 그리고 당연히 첫 번째 감정서를 연구했다. 모든 전문가는 한 목소리로 브레이비크의 책임능력을 인정하는 결론을 내렸다. 그가 바란 대로 이뤄진 셈이다.

새로운 감정서의 몇몇 대목은 다음과 같았다. "관찰 대상자는 범행 시점에서도, 진단 시점에서도 정신병이나 의식 장애 혹은 높은 정도의 심리적 장애를 보이지 않는다(형법 44조)." 더 나아가 이런 표현도 나온다. "관찰 대상자는 주변 환경과의 관계를 현실적으로 평가할 능력을 상당한 정도로 침해하는 그 어떤 심각한 심적 질환 증세를 보이지 않는다. 또 범행 시점에서도 심각한 강박증을 앓지 않았다. 형법 56조 c 항에 정한 가벼운 인격 장애도 관찰되지 않았다."

나는 언론에 보도 자료로 배포된, 다음과 같은 요약본이 특히 마음에 들었다. "전문가들은 평가를 진행하는 내내 반대 의견에 어떤 것이 있으며, 달리 설명할 가능성을 참조하는 객관적 태도를 잃지 않았다." 새로운 감정은 내가 9개월에 걸쳐 브레이비크를 보며 느꼈던 인상과 일치하는 결론을 내렸다. 그는 심신미약을 규정하는 법 조항에도, 책임능력이 있음을 규정하는 법 조항에도 둘 다 딱 맞아떨어지지 않았다. 즉, 그는 이러한 규정들의 밖에 있거나 두 가지 조건을 다 충족했다.

4월 10일 이 소식을 들은 브레이비크는 기쁨을 감추지 못했다. 법의학 위원회가 이 감정을 검증하고 인정해야만 이 감정이 효력을 발휘한다고 우리가 덧붙였는데도 그는 아랑곳하지 않았다. 위원회의 결정은 재판이 한창 진행 중일 때에야 내려진다. 기한은 6월로 정해졌다. 기한 전에도 전문가들은 증언대에 서야 한다. 이로써 브레이비크는 직접 판사에게 자신의 책임능력을 과시할 충분한 기회를 얻었다.

"폭력 행위를 다시 저지를 위험이 크다."라는 감정서의 다섯 번째 결론 역시 그는 부정적으로 보지 않았다. 당연히 이런 위험은 존재했으며, 지금도 성립한다. 브레이비크의 머릿속에서는 다문화 사회와의 전쟁이 계속되고 있다. '템플 기사단' 운운한 것은 자신이 지어낸 이야기라고 그가 인정하기는 했지만, 그는 여전히 자신을 모든 군인처럼 '살인 면허'를 가진 사령관이라고 생각했다. 물론 최고 보안 설비를 자랑하는 구치소의 감방 안에서 그가 할 수 있는 일이 거의 없기는 하다. 하지만 그의 머릿속에서 전쟁이 지속되는 한, 그는 노르웨이를 비롯한 전 세계의 동조 세력, 그를 모범으로 여기는 동조 세력에게 영향력을 행사할 수 있다.

의뢰인은 감정서의 모든 결론에 매우 흡족해했다. 그는 히죽 웃으며 재판 개시를 고작 6일 앞둔 지금 이 순간보다 더 타이밍이 좋을 수는 없다고 말했다. 제2차 세계대전 이후 평화 시기에 노르웨이에서 열리는 최대의 형사재판에서 그는 피고인석에 앉아 자신의 주장을 마음껏 펼칠 완벽한 서막을 열 거라며 의기양양해했다.

그는 이제 재판은 정확히 자신이 원한 대로 진행될 거라고 말했다. 두 개의 서로 모순된 감정서는 언론을 들끓게 만들 것이라고 확신했다. 판결이 어떻게 나오든 그것은 중요한 문제가 아니라고도 했다. 그가 더 관심을 가진 문제는 재판을 통해 일련의 의문을 제기함으로써 노르웨이를 다문화 사회로 만든 권력자들의 잘못을 세상에 알릴 기회를 얻는 것이었다. 다문화주의에 국가의 문호를 활짝 개방한 것이야말로 너희의 치명적 실수가 아닌가? 그런 이유로 77명을 살해했으며, 더 많은 인명을 살상하고 싶었다고 재판정에서 말하겠다고 다짐했다.

브레이비크는 다시 증인 명단을 두고 토론을 벌이고 싶어 했다. 물론 그는 이제 만족해서 더는 개별적인 이름이나 세부 사항을 고집하지 않았다. 감정 결과를 어떻게 생각하느냐는 우리의 물음에 그는 웃음을 터뜨리며 판결이 어떻게 나오든 조금도 관심이 없다고 말했다. 법의학 위원회가 그의 책임능력을 인정한다면 항소는 하지 않겠다고 그는 덧붙였다.

그는 아무것도 후회하지 않으며 법정에서도 분명히 그렇게 말하겠다고 다짐했다. 그 밖에 그는 최소한 1,000명을 살해하려 했던 자신의 '플랜 B'도 이야기하겠다고 했다. 화들짝 놀란 우리는 절대 그런 말은 해서는 안 된다고 만류했다. 그런 발언은 재판에 전혀 도움이 되지 않으며, 하물며 정치적 입장을 전달하는 데에도 보탬이 안 된다고 누누이 타일렀다. 그러나 그는 우리의 충고를 듣지 않았다. 그에게 필요한 것은 오로지 더 많은 관심을 자극할 수 있는 수단뿐이었다. 언론이 얼마나 난리법석을 피울까!

나는 복잡한 심정으로 구치소를 나왔다. 아직도 본격적인 봄은 아니었다. 숲에 쌓인 눈을 보니 내가 브레이비크를 만날 때마다 느끼는 냉기가 더욱 강하게 느껴졌다. 변호사 입장에서 보면, 의뢰인이 만족스러워하는 것이야 좋은 일이다. 그러나 이 정도로 작심하고 재판정을 자신의 정치 무대를 꾸밀 생각에 신이 난 의뢰인을 보며, 영원히 철창 안에 갇힐 그의 모습이 떠올라 나는 참으로 기이하다는 느낌을 지울 수 없었다.

밖에서는 언제나처럼 기자들과 사진기자들이 기다리고 있었다. 그들은 마치 언제 우리가 의뢰인을 면회하는지 냄새를 맡는 듯했다. 하긴 이번에는 새로운 감정 결과가 나왔다는 발표가 있었던 터라 그리 놀랍지 않았다.

우리는 의뢰인이 결과에 만족스러워하며, 아직 우리가 감정 내용을 확인해줄 수는 없다고 짤막하게 말했다. 휴대폰을 켜자 수백 건의 문자가 들어와 있었다. 전 세계 기자들이 보낸 것이었다. 제목을 죽 훑어보며 나는 다시금 기세등등해서 온갖 촌평을 해댈 평론가, 정치가, 전문가가 떠올라 소름이 돋는 기분이었다. 드라마는 완벽해졌다. 두 개의 서로 모순되는 감정 결과, 새롭게 불타오를 갈등. 뉴스 사냥꾼들은 신이 나서 날뛰리라.

테러리스트가 유리벽 뒤에서 히죽히죽 웃으며 두 손을 비비는 것을 본 사람은 우리뿐이었다. 사무실로 돌아온 우리는 기자들에게 브레이비크의 기쁨에 찬 반응을 이야기해주고, 사건의 이런 반전을 짤막하게 실어달라고 부탁하는 것이 좋을지 심각하게 고민했다. 내 생각에, 아무래도 기자들이 테러리스트의 진면목을 알아두어야 정확한 보도를 할 수 있을 것 같았기 때문이다. 그러나 아쉽게도 이런 일을 하는 것은 변호사인 우리의 역할이 아니다. 게다가 우리가 이야기한 의도를 오해해 갈등만 더 커질 수도 있었다. 우리는 입장 발표를 할 때마다 혹시 있을지 모를 반격을 고려해야만 했다. 우리의 입장을 오해하는 일은 흔히 벌어졌기 때문이다. 혹시 우리의 입장 표명을 악마의 변호사가 대중의 관심을 엉뚱한 곳으로 호도하려고 벌이는 꼼수로 받아들이는 경우를 배제할 수 없었다.

마침내 우리는 간단한 보도 자료를 보냈다. 우리는 의뢰인이 새로운 감정 결과가 나왔다는 통보를 받았으며, 자신의 생각과 같은 결론이 나온 것에 만족스러워한다고 썼다. 촌평은 일체 하지 않았으며, 그날 계속 쇄도한 언론의 문의에도 일체 답하지 않았다.

재판이 열리다

— 히틀러 경례로 인사하다

2012년 4월 16일 월요일 아침 8시 우리가 법원 앞에 도착했을 때 임시로 설치된 보안 검색대 앞에는 이미 긴 줄이 늘어서 있었다. 우리는 다행히 이번에는 군중을 헤치고 나아가며 욕설과 삿대질을 당하지 않았다. 구속적부심사를 받던 날 사람들 사이를 비집고 나아가며 겪었던 굴욕은 마치 먼 옛날의 일처럼, 내 인생의 다른 장에서 일어났던 것처럼 느껴졌다. 나는 지난 9개월 동안 폭삭 늙어버린 것은 아닌지 자문했다.

오슬로 지방법원은 재판을 준비하느라 많은 시간을 소비했다. 재판은 가장 큰 법정에서 열리며, 모니터로 두 개의 작은 법정과 전국의 다섯 개 법정으로 중계된다. 법원은 피해자 가족과 다른 관련자들이 오슬로로 오지 않고도 재판을 생중계로 지켜볼 수 있게 이런 조치를 취했다.

우리는 직원 통로로 법원에 들어섰다. 이곳에도 보안 검색대가 세워져 있었다. 재판이 진행되는 동안 법원에서 일하게 될 외부 파견자들이 많아 검색이 필요한 모양이었다. 우리는 빠르게 통과했다. 모든 서류와 필요한 보조 도구는 이미 법정 안에 구비되어 있었다. 8시 20분 우리는 지하의 대기실에서 브레이비크를 만났다. 그는 흰색 와이셔츠에 밝은 푸른색 넥타이를 매고 검은색 양복을 입었다.

그는 침착하고 여유로워 보였지만, 일주일 전처럼 히죽히죽 웃지는 않았다. 그의 얼굴에는 집중하려는 기색이 역력했다. 다시금 나는 일생일대의 경기를 위해 자신을 다독이는 스포츠 선수가 떠올랐다. 나는 브레이비크가 그런 능력을 가졌다고 확신한다. 그렇지 않고서야 어떻게 7월 22일의 테러를 벌일 수 있었겠는가. 그는 이제 2라운드를 맞을 준비를 했다. 그 결말이 첫 번째에 비해 불확실하기는 하지만 말이다.

우리는 그에게 이날의 재판이 어떻게 진행될지 설명했다. 그는 우리 설명에 토를 달거나 묻는 일이 거의 없이 냉철한 눈빛으로 고개만 끄덕였다. 다만 우리가 많은 기자와 피해자 가족이 지켜볼 것에 마음의 준비를 해야 한다고 말하자, 그는 씩 웃었다. 승리의 미소라기보다는 마치 자기 자신에게 다음과 같이 다짐하는 것 같은 미소였다. 'Now is my time(이제 내 시간이야.).'

나는 마라톤 대회의 출발선상에 선 것처럼 느껴졌다. 차이가 있다면 마라톤 대회는 몇 시간 만에 끝나지만, 우리의 재판은 최소한 10주가 걸릴 거라는 점이었다. 우리는 첫날에 2,000 쪽에 달하는 새로운 수사 자료를 넘겨받았다. 한숨이 절로 나왔다. 나는 너무 늦게 이 자료를 얻어 휴정 신청이 불가피하다고 말하며 변호인의 이런 입장을 재판의 공식 기록으로 남겨달라고 부탁했다.

9시가 조금 넘어 브레이비크가 법정으로 들어섰다. 그는 구속적부심사를 받을 때와 마찬가지로 가죽띠로 고정된 수갑을 찼다. 수갑을 풀어주기 전에 그는 주먹을 쥔 오른팔을 번쩍 들었다.

소리 없는 탄식이 법정에 번졌다. 어떻게 저럴 수가 있을까? 테러리스트가 마치 파티에라도 가듯 말끔한 정장에 넥타이를 매고 피고인석에 섰다고 해서 그런 것만은 아니었다. 아니, 그는 극우파의 선동 대회에서 개회 선언이라도 하는 것처럼 히틀러 경례로 재판을 시작한 것이 아닌가!

우리 변호인들이야 의뢰인의 기행에 익숙해 놀라지 않을 거라고 생각한다면 그것은 오산이다. 우리는 너무도 창피한 나머지 얼굴을 들 수 없었다. 우리는 마치 그의 동료인 것처럼 바로 옆에 앉아 있지 않은가. 나는 화가 치민 눈빛으로 그를 노려보았지만, 그는 본 척도 하지 않았다. 그는 입가에 만족스러운 미소를 머금었다. 그의 표정은 마치 이미 1라운드를 이긴 것처럼 의기양양했다. 방청객은 번개라도 맞은 표정을 지었고, 몇몇 가족은 눈물을 흘렸다.

특히 외국 기자들은 경악을 감추지 못했다. 처음부터 외국의 많은 기자들은 왜 테러리스트를 말 그대로의 의미에서 단기 재판으로 심판하지 않는지 이해할 수 없다는 반응을 보였다. 테러리스트는 이미 모든 것을 자백했으며, 그가 범인이라는 사실에는 한 점의 의혹도 없지 않은가. 뭘 더 덧붙일 것이 있단 말인가? 그럼에도 법원은 테러리스트가 미쳤는지 아닌지 하는 문제를 따지느라 두 달 반이라는 시간을 허비했다. 도대체 이 노르웨이라는 나라는 어떤 사법 체계를 가진 걸까?

테러리스트는 반듯한 정장에 넥타이까지 매고 마치 무슨 축제나 대회에 참가한 귀빈처럼 저 위에 앉아 변호사와 검사와 악수를 나누며 인사한다. 왜 그는 죄수복을 입지 않았는가? 그가 자행한 끔찍한 만행을 생각하면 오렌지색 죄수복에 수갑과 족쇄를 차고 머리에는 모자를 써야 마땅하지 않은가!

나는 외국 기자들에게 노르웨이라는 법치국가가 작동하는 방식을 여러 차례 설명하려 시도했다. 이제 그들은 휴정 시간에 나에게 다가와 이런 것이 법치국가냐고 물었다. 나는 평소와 같이 대답했다. 인간의 존엄성은 노르웨이 사회를 떠받치는 주춧돌이다. 그가 누구든 무슨 생각을 하든 무엇을 믿든 어떤 느낌을 가지든 어떤 행동을 하든 상관없이 모든 인간은 똑같이 존중되어야 한다. 상대를 인간으로 존중해주는 것이야말로 인간의 존엄을 무시하며, 아네르스 베링 브레이비크처럼 의견이 다른 모든 사람을 죽이려 하는 폭거에 맞설 유일한 무기다. 폭력은 폭력을, 죽음은 죽음을 부를 뿐이다.

나는 이런 메시지가 제대로 전달되었는지 알 수 없다. 간디의 비폭력 사상을 견지하려는 나의 노력은 브레이비크의 태도 못지않게 많은 사람들의 부정적 반응을 이끌어냈다. 그럼에도 나에게는 이런 근본 가치를 늘 거듭 강조하는 것이 중요했다. 인간의 존엄성은 우리 모두가 지켜야 할 가치다.

점심 휴식 때 우리는 히틀러 경례가 어떤 반응을 불러왔는지 브레이비크에게 말해주고 그 부정적 영향을 생각해 그런 행동을 삼갔으면 좋겠다고 했다. 그는 흡족한 미소를 지었다. 그는 히틀러 경례를 템플 기사단의 사령관의 품위에 걸맞은 '기사 경례'라고 불렀으며, 다음에도 계속하겠다고 고집했다.

우리는 그럼 더는 그와 악수를 하지 않을 것이며, 어떤 경우에도 그와 생각을 같이하지 않는다는 점을 분명히 하기 위해 되도록 멀리 떨어져 앉겠다고 대답했다. 그는 시큰둥한 표정을 지으며 그저 알았다고만 말했다. 드디어 내가 폭발했다.

"피해자 가족들의 반응을 보지 못한단 말입니까?"

"피해자 가족들요?" 놀란 그가 눈을 동그랗게 떴다.

"그들은 울면서 자식을 죽인 당신이 의기양양하게 구는 것을 참을 수가 없다고 우리에게 호소했습니다."

돌연 그는 자세를 바로잡았다. "아 그래요? 가족이 참을 수 없다고 해요? 그건 미처 생각하지 못했습니다. 이해합니다. 그렇다면 경례는 삼가겠습니다."

나는 마치 뒤통수를 얻어맞은 것만 같았다. 이 남자도 감정은 있구나. 이런 놀라운 깨달음 뒤에, 나는 그가 했던 말이 떠올랐다. 그는 필요해서 한 일이기는 했지만 우퇴위아 섬에서 청소년들에게 총을 쏠 때 끔찍했다고 말했었다. 어째서 그는 그런 감정을 한사코 무시하려고만 할까.

재판이 개시된 날 참심원[•] 가운데 한 명이 7월 22일 페이스북에 "이 사건에서 유일하게 공정한 판결은 사형이다!!!!!!"라는 글을 올린 사실이 알려졌다. 검찰은 물론이고 우리도 곧장 형법 108조에 정한 대로 이 참심원을 해촉해야 한다고 요구했다. "법관이나 참심원의 중립성을 의심할 특별한 정황이 있다면, 검찰이나 변호사는 해당 인물의 면직을 요구할 수 있다." 부 참심원장은 아들이 'AUF'의 회원이라는 이유로 이미 자리에서 물러났다.

이날의 남은 일정은 우리 쪽에서 보면 비교적 조용히 진행되었다. 예외는 브레이비크가 몇 차례 눈물을 보였다는 점이다. 판사가 그의 선전 영화, 부드럽게 말하자면 자신이 꿈꾸는 '순수한 사회'의 기초를 다지기 위해 만들었다는 선전 영화를 법정에서 상영하게 하자 그는 눈물을 보이며 감격스러워했다. 다음 날의 재판에서는 그가 진술을 시작할 예정이었다. 모든 것은 잘 준비되었다. 나는 모든 인터뷰를 끝내고 휴

[•] 참심제의 일원. 참심제는 일반 시민 가운데 발탁된 참심원과 직업 판사가 함께 평의를 실시해 형사재판을 벌이는 제도로, 주로 유럽에서 시행된다.

대폰을 끄고 나서 마침내 귀가해 가족과 함께할 생각에 들떴다. 그러나 집으로 돌아오는 길에 나는 갑자기 숨이 막히는 답답함을 느꼈다. 그날 나는 일기장에 이렇게 썼다.

재판을 치르느라 이렇게까지 지치리라고는 전혀 짐작하지 못했다. 사건은 인정하고 싶은 것 이상으로 나를 힘들게 한다. 법정으로 올라가는 계단은 실제보다 다섯 배는 더 길게 느껴져, 올라가지 못할 것처럼 느껴진다. 이런 재판을 나는 10주 동안 치러내야 한다. 그러나 아마도 최악의 순간은 이미 넘어선 것으로 보인다. 기운을 차리려 노력해야겠다. 우리는 하나의 팀이다. 우리는 함께 해낼 수 있다.

저녁 뉴스 시간이 되어서야 나는 다시 돌연 정신이 맑아졌다. 국가의 공영방송은 재판의 해설자로 변호사 하랄 스타벨Harald Stabell을 채택했다. 스타벨은 노르웨이의 형법 전문 변호사로 가장 풍부한 경험과 노련함을 자랑하는 인물이다. 그가 모르는 형법은 알 가치도 없다는 말이 있을 정도다. 전문성으로 따진다면 그는 시청자에게 재판의 법적 배경을 해설해줄 적임자다.

다만 문제는 그가 부수소송을 책임진 변호사 메테 위본네 라르센Mette Yvonne Larsen과 일곱 명의 다른 변호사들과 같은 법무법인 소속이라는 점이다. 그러니까 부수소송을 맡은 열두 명의 변호사들 가운데 여덟 명이 속한 법무법인의 대표가 공영방송 'NRK'에서 재판을 해설하게 된 것이다. 우리의 재판이 그 법무법인의 아침 회의의 고정 일정이며, 그 법무법인이 우리 재판에 대해 언론과 어떻게 소통할 것인지 토론한다는 점은 법조계에 잘 알려진 사실이었다.

부수소송을 맡는 변호사들은 전혀 중립적일 수 없다. 특히 라르센의 경력은 그녀가 어떤 성향의 변호를 해왔는지 분명히 보여주었다. 그녀는 자신이 맡은 임무가 수사 과정에서든 재판에서든 피해자와 그 가족의 이해관계를 대변하는 것임을 천명했다. 부수소송을 거의 전담하다시피 한 법무법인의 대표 변호사가 공영방송의 해설자로 등장한다는 것에 의구심을 가진 사람은 우리만이 아니다. 이것은 마치 자신이 감독을 맡은 축구팀이 결승전에 올랐는데 해설을 맡는 것과 다르지 않다. 축구 경기든 법적 다툼이든 분위기가 후끈 달아오르면 중립성은 속절없이 무너질 수밖에 없다.

'NRK'의 결정은 우리 팀에 커다란 걱정거리를 안겨주었다. 특히 해설자가 특정 관점을 선호한다면(예를 들어 재판을 앞두고 혼란스러웠던 시점, 즉 우리가 책임능력과 관련해 반전을 경험해야 했던 시점을 집중적으로 파고든다면) 우리는 참으로 난처해진다. 그러나 변호인으로서 공영방송 보도의 중립성을 문제 삼는 것은 어려운 일이다. 그 대신 우리는 지금까지 걸어온 길을 계속 가면서 소통 문제에 더욱 집중하기로 했다. 물론 쉽지는 않은 일이었다. 우리는 책임능력과 관련한 소동의 주범으로 낙인찍혔기 때문이다.

나중에 하랄 스타벨은 자신이 'NRK'에 중립성 문제를 제기했으나 누구도 그것이 문제가 되지 않는다고 보았다고 말했다. 그는 방송에서 무슨 말을 해야 할지 부수소송의 변호사들과 의견을 나눈 적이 결코 없다고 주장했다. 'NRK'의 뉴스 편집장 스테인 비엔테고르Stein Bjøntegård는 스타벨 법무법인 소속의 변호사들이 부수소송을 맡기 전에 이미 스타벨을 해설자로 결정했으며, 항상 중립성 의무를 지키려 주의하고 있다고 강조했다. 스타벨은 중립적인 좋은 해설자이며, 부수소송의 변호사들과 언제나 의견이 같지는 않다나.

그러나 현실에서 의구심은 지워지지 않았다. 재판의 둘째 날 재판이 시작되기 전에 재판부와 검찰과 우리 팀이 한자리에 모였다. 앞서 언급했던 참심원이 해촉되는 것에는 모두 의견이 일치했다. 그가 명예직에 부름을 받았을 때 왜 자신의 솔직한 생각을 말하지 않았는지 모두 실망했다. 또 발탁 전에 인터넷에서 이름만 검색해보았어도 중립성을 지킬 수 없다는 점은 확인되지 않았을까 하고 모두 아쉬워했다.

해당 참심원을 집으로 돌려보내고 부 참심원장이 자리를 잡고 앉자, 재판장은 우리 의뢰인에게 진술을 시작해도 좋다고 허락했다. 자신의 진술을 서면으로 준비한 브레이비크는 이를 낭독하기 위해 30분을 쓸 수 있는지 물었다. 재판장 엘리자베트 아른첸Elisabeth Arntzen은 이를 허락을 했지만, 브레이비크가 한 시간이 넘도록 진술을 이어가자 불편한 기색을 숨기지 않았다. 그의 진술은 1시간 15분 걸렸다.

나에게 그의 긴 진술은 숨을 고를 좋은 기회였다. 나야 그동안 그의 주장을 외울 정도로 알고 있어서, 전체를 다시 한 번 듣고 싶지는 않았다. 그러나 우리 팀 동료들이 열심히 메모하는 모습을 보고 나는 자세를 바로잡고 마찬가지로 경청했다.

브레이비크가 열에 들떠 다문화주의를 상대로 한 자신의 영웅적인 투쟁을 이야기할수록 나는 오히려 그 반대가 설득력을 가진다는 생각을 했다. 의뢰인의 입장에 내가 개인적으로 반감을 가져 그런 것만은 아니다. 인간의 존엄성을 기반으로 하는 든든한 사회는 다양한 피부색, 종교 또는 문화적 배경을 모두 포용할 수 있어야만 한다.

나는 이 문제를 깊이 생각해보았다. 어떻게 해야 우리는 그런 사회를 건설하고 그 안에서 살아갈 수 있을까? 특허로 여겨질 만한 무슨 묘안이 있는 것은 아니다. 그러나 지난 10년 동안 나는 극우파를 변호하는 두 번의 재판을 겪으면서 근본 가치에 충실해야 한다고 굳게 믿게 되었다. 이런 근본 가치는 우리 청소년의 대다수가 이미 체득한 것이다.

오늘날 젊은이들은 우리가 어렸을 때보다 훨씬 더 개방적인 문화 환경에서 성장한다. 두 번의 재판에서 나는 참으로 훌륭한 사람들, 특히 청소년들을 알게 되었다. 이들은 거의 모두 내 연령대와는 전혀 다른 사고방식을 자랑한다. 내가 젊었을 때야 "happy-go-lucky", 즉 세상일이 저절로 좋은 쪽으로 풀려가리라 믿었다. 그러나 당시의 내 친구들을 돌이켜보면, 아쉽지만 저절로 좋은 쪽으로 풀리는 일은 없다.

오늘날의 젊은이들은 우리 세대보다 사회를 훨씬 더 의식한다. 이들은 가치, 정의, 평등한 인간관계를 중시한다. 청소년은 흑과 백, 이슬람과 기독교라는 차이를 크게 의식하지 않는다. 부모나 다른 어른이 인종이나 종교의 차이를 의도적으로 강조해 부각하지 않는다면 청소년들은 이런 차이를 거의 의식하지 않는다. 내가 보기에 중·장년 세대는 사회 담론을 완전히 잘못 풀어간다. '전형적인 노르웨이 문화'라는 정의 자체가 잘못이다. 결국 이런 식의 담론은 '문화적 차이'를 강조해 필연적으로 '이주민을 허용할 것인가?'라는 문제로 넘어간다. 브레이비크와 그 아류가 생겨날 수밖에 없는 토양이 마련되는 셈이다. 모든 무슬림, 불교도, 기독교도, 집시, 흑인, 백인 따위를 여러 개의 커다란 서랍에 넣어두고 '필요함' 혹은 '불필요함'이라는 딱지를 붙이는 행태가 온당한가? 그것은 유대인, 집시, 동성애자 그리고 장애인을 다루던 나치스 방식 그대로다.

반대로 오늘날의 젊은이들은 개인을 주목한다. 그들은 상대를 친구로 만들려 노력하는 모습을 보여준다. 어떤 집단에 가담하기 이전에 상대와 인간적 교류를 할 수 있는지부터 살핀다. 내가 보기에 청소년들은 존엄성, 존중, 정의, 공동 결정과 같은 인권을 직관적으로 이해한다. 우리 어른들에게 배워서 그런 것이 아니다. 청소년들은 문화의 차이로 사람들을 구분하지 않는다.

나도 예전에는 '옛날이 훨씬 나았어.'라고 생각하곤 했지만, 지금은 다음과 같이 완전히 생각이 바뀌었다. '야호, 오늘날 자라나는 세대가 우리 세대보다 훨씬 더 지혜롭다. 아마도 청소년들은 우리 어른 모두를 합친 것보다도 더 지혜로워 보인다. 밝은 장래가 기대된다!'

언론 때문에 재판이 엄청난 주목을 끌게 된 뒤 나는 길을 걸을 때나 장을 볼 때나 사람들에게 질문을 받는 일이 잦아졌다. 노인들은 대개 그저 인사만 하는 반면, 젊은이들은 우리의 가장 중요한 가치를 두고 나와 이야기하고 싶어 한다. 열여덟 살의 어떤 소녀는 슈퍼마켓 계산대 앞에서 상대가 누구이든, 무슨 짓을 벌였든, 법에 따라 공정한 대우를 받는 것이 얼마나 중요한지 깨닫게 되었다고 나에게 말했다. 또는 스타방에르Stavanger의 공원 벤치에서는 약간 술에 취한 청년들이 나를 보고 이렇게 외쳤다. "와, 브레이비크의 변호사다! 법치주의 진짜 최고예요!"

물론 탈선하는 청소년은 여전히 있다. 마약중독이 그 대표적인 예다. 그러나 이 경우에도 각 개인의 가치를 존중해주고, 자의적인 기준으로 등급을 매겨서는 안 된다. 마약중독자, 노인, 생계 보조금 수령자, 이주민 등은 어려운 상황에 빠져 단기적으로나 장기적으로 사회 구성원 노릇을 감당할 수 없는 지경에 처했을 뿐이다. 그저 성급하게 자의적 기준으로 이런 사람들의 등급을 매겨버리면, 그만큼 더 이 사람들이 사회로 복귀하거나 통합에 적응하기 어려워진다.

나는 많은 만남의 장소, 이를테면 학교, 경기장, 일터 혹은 심지어 가정에서 우리를 떠받치는 근본 가치가 어떤 것인지 헤아릴 줄 아는 의식이 부족하다고 생각한다. 가치 토대가 분명하다면, 우리는 각자 어떤 문화적 배경을, 무슨 능력과 소질과 관심을 가졌는지 상관없이 모두 동등한 가치를 가진 인간이라고 말하기가 그만큼 더 쉬워진다.

1814년 에이드스볼Eidsvoll에서 노르웨이 헌법을 기초했던 조상들이 새로운 노선을 걸었던 것처럼 우리도 그래야만 한다. 당시에는 개인의 자유와 맞물린 정치적 독립이 문제였다. 오늘날에도 정치적 독립은 여전히 중요하지만, 개인의 자유의 경우 '개인'의 의미는 달라져야 한다. 즉, 노르웨이든 스웨덴이든 이라크든 중국이든 태어난 곳에 상관없이 개인은 자유롭게 자신을 키우고 발전시킬 권리를 보장받아야만 한다.

물론 노르웨이라는 작은 나라가 모든 사람을 다 받아들일 수는 없다. 그러나 일단 이 땅에 정착한 모든 사람 혹은 노르웨이에서 성장한 모든 사람은(1세대나 2세대나 3세대를 막론하고) 동등한 인간으로 인정받고 대우받아야 마땅하다. 다문화의 가치는 우리 조국의 독립, 즉 1814년에 헌법을 제정하고 1905년에 평화로운 독립을 이루었으며 1945년의 해방이라는 과정을 거치며 다져진 우리 조국의 독립과 똑같은 의미를 부여받아야 한다.

낯선 사람에 대한 불신과 의심은 역사상 언제나 있었다.

그러나 그 대상은 역사와 함께 바뀌어왔다. 옛날에 할링달 Hallingdal 사람들은 송Sogn의 주민들을 불신했다. 노르웨이 동부 사람들은 북부의 사람들을 싫어했으며, 베르겐Bergen 사람들은 순뫼레Sunnmøre 주민들을 깔보았다. 아무튼 왕국 전체가 그 지경이었다. 인프라와 현대적인 통신 수단의 발달로 노르웨이가 확연히 작은 나라로 체감되기까지는 말이다. 라디오, 텔레비전, 도로, 철도, 비행기 덕분에 우리는 서로 가까워졌다. 오늘날 우리는 불과 몇 세대 전만 하더라도 불신과 두려움을 불러일으켰던 차이를 두고 껄껄 웃는다.

마찬가지로 우리는 오늘날의 노르웨이를 다문화주의의 관점으로 바라보아야 한다. 전 세계 곳곳의 사정도 같다. 우리는 갈수록 더 빨라지는 소통 수단으로 연결된다. 육로나 수로 또는 항로는 물론이고 가상공간으로도. 다른 문화권 사람과의 만남은 갈수록 이상할 것이 없는 자연스러운 일이 되어간다. 우리는 글로벌 세상에 살며 서로 이해하고 함께 살아야 함을 배우기 때문이다. 가정 단위로 살아가는 개인이 다양성을 경험하며 여러 도전을 통해 성장해가는 마당에, 사회역시 서로 다른 특성과 능력을 서로 보충해가며 문화적 포용력을 키워야만 한다.

재판정에서 브레이비크의 심문은 꼬박 9일이 걸렸다. 마침내 그가 자신의 정치적 입장 표명을 끝내자, 검찰 측의 공소사실 발표가 이어졌다. 그가 어떻게 정부 청사 구역과 우퇴위아 섬의 테러를 계획하고 실행에 옮겼으며, 77명을 잔혹하게 살해했는지 참으로 길고 힘든 보고가 계속되었다.

재판이 열리기 전에 우리는 이런 상황에 어떻게 대처해야 할지 집중적으로 토론을 벌였다. 수사 과정에서 밝혀진 모든 사실, 법의학자, 범죄 수사 전문가가 세세하게 묘사한 기록을 피해자 가족이 보고 듣는 앞에서 발표하는 것은 너무 가혹한 일이다. 자신의 자녀가 어떻게 부상을 입었으며, 제발 살려달라는 애원을 무시하고 잔혹하게 살해당한 것을 가족이 고스란히 듣게 할 수는 없는 노릇이다. 사실을 정확히 알고자 했던 가족은 이미 재판 시작 전에 관련 서류를 제공받았다.

피해자가 어떻게 살해당했고 정확한 사망 원인이 무엇인지 보여주기 위해 인형이 사용되었다. 더 나아가, 법관과 참심원과 전문가와 검찰과 부수소송 변호사와 우리 변호 팀은 좀 더 자세한 정황이 요구될 경우를 대비해 상세한 기록을 수사 당국으로부터 제공받았다. 다행히 이런 기록을 공개할 지경까지 가는 일은 없었다. 재판 진행의 모든 책임 당사자는 범죄의 기술적 측면을 따지는 과정에서 의뢰인에게 되도록 질문을 적게 하기로 합의했다. 피고인이 범행을 적나라하게 묘사할 기회를 갖지 못하게 하기 위해서였다.

이런 식으로 우리는 재판의 첫 달을 지냈다. 재판 과정에서 되도록 잔혹한 묘사를 줄였음에도 나는 취조 과정에서 본 자세한 사진들이 떠오르는 것을 떨쳐버릴 수 없었다. 250호 법정에서 보낸 이 첫 달은 정말 힘든 시기였다. 단 한 명만 예외였다. 브레이비크는 미동도 하지 않고 앉아 얼굴 표정 한 번 바꾸지 않았다.

동시에 재판은 품위를 잃지 않고 이루어졌다. 딱 한 번 극적인 상황이 벌어졌다. 갑자기 구두 한 짝이 브레이비크를 향해 날아들었다. 그러나 구두는 비베케를 정통으로 맞췄다. 피해자의 형이 참다못해 분통을 터뜨렸던 것이다. 그는 고함을 지르고 울부짖으며 법정 밖으로 퇴장당했다.

나중에 비베카는 그 돌발 사고가 법정에 어울리지 않는 것이라고 공개적으로 말했다가 호된 비판을 받았다. 어떤 음악가가 일간지 《다그블라데트》에 비판하는 기사를 기고했던 것이다. 비판의 골자는 비베케가 감정을 표출하려는 가족의 욕구를 전혀 이해하지 못한다는 것이었다. 그러나 그건 오해였다. 비베케는 가족의 슬픔을 누구보다도 더 잘 알았다. 두 딸의 어머니인 비베케는 이 살인범을 나만큼이나 가까이에서 겪었다. 그런 만큼 그녀는 감정의 무거운 부담에 시달려왔다. 이 슬픔의 무게는 음악가가 그 어떤 선율로도 담아낼 수 없는 것이다. 아픔을 참아내면서도 비베케는 공식적인 입장을 바꾸지 않았다. 그녀는 재판의 절차와 규칙을 위배하는 것은 법의 안정성을 훼손하는 일이라며 단호한 표정을 지었다. 우리는 모두 감정이 있다. 또 감정을 법정에서 드러내는 것이 금지된 일은 아니다. 다만 품위 있는 재판에서 허락

되는 유일한 감정 표현은 조용히 눈물 흘리는 일뿐이다. 유감이기는 하지만.

5월 16일 이전에 나는 개인적인 기록을 하지 않았다. 그날 나는 일기장에 이렇게 썼다.

우리는 우퇴위아 섬에서 일어난 모든 살인과 상해의 심의를 끝냈다. 나는 일기를 쓸 시간도 없었고 쓸 엄두도 나지 않았다. 뭐라고 써야 좋을지 알지 못했기 때문이다. 77명을 살해한 과정이 아주 세세하게 묘사되었으며, 모든 생존자는 격한 증언을 했다.

내 가슴을 가장 깊게 파고든 증언은, 맨발에 반쯤 벌거숭이가 되어 죽음의 공포에 시달리면서도 친구를 구하려 애쓴 청소년의 증언이었다. 전문적인 구조대는 지원이 도착할 때까지 기다리라는 명령을 따르느라 지켜보기만 했다. 그러나 그 청소년은 오로지 하나만 생각했다. 자신의 것이든 친구의 것이든 목숨의 가치를.

많은 청소년들은 친구를 구하지 못했다는 자책감에 시달렸다. 부상당한 친구를 데리고 섬에서 헤엄쳐 빠져나오려다 물살에 휩쓸려간 친구를 찾지 못했던 청소년처럼. 또는 중무장한 테러리스트의 머리를 겨누고 돌을 던질 용기를 내지 못했던 것을 자책하던 소년과 소녀가 생각난다. 'AUF'의 여성 사무총장 토니에 브렌나Tonje Brenna의 진술에 도덕적 허점은 없었다. 그녀는 자신이 할 수 있는 일을 했으며, 많은 목숨을 구하는 데 기여했다. 그럼에도 더 많은 생명을 구하지 못한 것을 안타까워했다.

그녀의 진술을 들으며 나는 'AUF' 회장 에실 페데르센 Eskil Pedersen을 떠올리지 않을 수 없었다. 그는 그 시간에 안전한 곳에 있었던 덕분에 살아남았다. 사정을 잘 알지 못하는 사람들은 나중에 그가 조직의 회원들을 책임져야 할 의무를 저버렸다고 비난했다. 그렇지만 다른 곳에 있었던 사람이 무슨 대처를 한단 말인가? 그는 게릴라전의 능력이 뛰어나 청소년 단체의 회장이 된 것이 아니었다. 게다가 테러리스트가 공격할 때 다른 곳에 가 있었던 것은 순전히 우연이었다. 30분 일찍 또는 늦게 왔더라면 아마 브렌나나 페데르센도 희생되었을 게 분명하다.

다만 브레이비크는 단체 임원들에게 왜 우퇴위아에 테러를 대비한 안전장치를 마련하지 않았는지, 어째서 더 많은 회원들을 구출하려 노력하지 않았는지 하는 따위의 비판적 물음을 제기함으로써 몇 가지 약점을 물고 늘어지려 시도했다. 우리는 계속해서 그러지 말라고 만류했지만, 그는 변호 위탁을 철회라도 할 기세로 고집하며 직접 재판장에게 단체 임원들을 상대로 직접 질문을 해도 좋으냐고 물었다. 당연히 그런 신청은 받아들여지지 않았다.

재판 전체 과정을 통해 나는 피해자 가족으로부터 가장 큰 감명을 받았다. 만약 내 아이를 이런 식으로 잃어버리고 몇 달 뒤 냉혹한 살인자와 직접 마주 보고 앉았다면, 나는 어떻게 반응했을까? 화가 치민 나머지 브레이비크에게 구두를 던졌을까? 피해자 가족 대다수는 침착하기만 했다. 매일 우리는 법정이나 휴게실에서 피해자 가족과 마주쳤다. 우리는 그들의 얼굴에서 가장 소중한 것을 잃어버린, 무어라 형언하기 어려운 슬픔을 보았다. 그러나 그들의 태도와 대화에서 분노나 복수심이 드러나지는 않았다. 눈물을 닦아가며 나직하게 대화를 나누는 모습은 놀라울 정도로 차분했다. 가족의 얼굴에서는 품위와 고결함이 빛을 발했다. 아마도 그 바탕에는 이제야말로 사회의 근본 가치를 지켜야만 한다는 깨달음이 놓여 있었으리라. 바로 이 근본 가치를 지키는 일을 그들의 자녀들이 우퇴위아에서 실천했기 때문이다.

피해자 가족은 대중의 주목만 탐하는 몇몇 증인과 확연한 대비를 이루었다. 예를 들어 증언대에 서서 법정에서는 진술하고 싶지 않다며 기묘한 구실을 들이대는 증인은 적지 않았다. 특히 한 종교학자가 그랬다. 그녀는 "사회주의자가 아닌 모든 사람들을 비방하는 것"이 목적인 "아네르스 베링 브레이비크 쇼"를 거들고 싶지 않다고 말도 안 되는 궤변을 늘어놓았다. 그 대신 그녀는 재판을 경멸하는 자신의 쇼를 연출했다. 그녀는 노르웨이 국민의 절대 다수가 가치의 중요성을 강조하기 위해 꼭 필요하다고 본 재판을 비웃었다. 그러나 그런 가치는 바로 테러리스트가 파괴하려던 것이 아닌가.

그 종교학자는 증인으로 비중이 크지는 않았지만, 다양한 종교와 각 종교의 가치관에 대한 지식 덕분에 법정에 흥미로운 암시를 줄 수 있었다. 나는 학자, 더욱이 종교학자가 어떻게 그런 낮은 수준으로 전락할 수 있는지 도무지 믿을 수가 없었다. 노르웨이의 근본 가치를 학자조차 이해하지 못한다면, 우리는 도대체 합리적인 가치 토론을 어디서부터 시작해야 할까? 오늘날 돌이켜보면 그 종교학자는 유럽 문화가 어떤 경우에도 우선시되어야만 하며, 이주민은 무조건 유럽 문화를 따라야만 한다는 주장을 하고 싶었던 모양이다.

5월 21일은 아내의 생일이었다. 마침 주말이어서 나는 가족과 함께 시간을 보낼 수 있었다. 드디어 봄이 우리 집 정원에 활짝 꽃을 피웠다. 작년에 나는 자연을 거의 느끼지 못하고 지냈다. 구치소 주변의 짙은 전나무만 제외하고는. 그곳의 숲은 중무장한 경비 병력이 지키는 구치소만큼이나 암울해 보였다.

레베카는 오래전에 병원에서 퇴원했다. 레베카는 이제 검사를 받으러 규칙적으로 병원에 갈 정도가 되었으며, 2주는 나와 함께, 2주는 나의 전처인 엄마와 함께 지냈다. 레베카는 봄날의 해와 누가 더 밝은지 내기라도 벌이듯 환하게 웃었다. 마침내 병원이 아니라 가족과 함께 지낼 수 있어 무척 기쁜 모양이었다. 나는 가족이 다시 정상을 되찾기까지 오래 걸리지 않을 거라고 생각했다. 이제 족히 한 달이면 재판은 끝난다. 나는 집과 사무실에 미뤄놓은 일이 얼마나 많은지 생각조차 하고 싶지 않았다. 나는 이런저런 감정을 꺼두었을 뿐만 아니라, 현실의 당장 시급한 문제들도 미뤄두었다. 마라톤을 뛰다 말고 거리를 빗자루로 쓸거나 주변 정리를 하기 위해 멈출 수는 없는 노릇이었다. 오로지 앞만 보고 전진할 뿐이었다. 가엾은 아내, 가엾은 아이들. 집에 남자가 있기는 하지만 정작 필요할 때 아무 도움을 주지 못한다면 그 가족은 얼마나 힘들까. 나 역시 평소 우선시하던 일을 포기해야만 했기에 상당히 힘들었다. 평소 나에게는 가족이 최우선이었으니까.

주말을 맞아 모처럼 쉬면서 나는 다시금 지금 도대체 내가 무슨 일을 하고 있는 것인지 묻기 시작했다. 며칠 뒤 나는 작은 위기를 겪었다. 일기장을 보면 당시 내가 느낀 감정이 정확히 표현되어 있다.

내 일상은 엉망이 되어버렸다. 오늘 나는 깊은 슬픔을 느꼈다. 7월 22일 이후 처음으로 나는 이런 감정을 있는 그대로 받아들이는 것이 옳다고 느꼈다. 그래서 내 감정을 두고 생각에 잠겼다. 나는 그동안 내내 강렬한 감정을 느꼈지만, 이런 감정을 드러내서는 안 된다고 다짐해왔다. 훨씬 더 끔찍한 일을 겪은 많은 사람들 때문에, 또 내가 감당해내야만 하는 임무 때문에 나는 감정을 억눌렀다. 내 직업에는 감정이 들어설 자리가 별로 없다. 오늘 저녁 나는 너무 무기력하기만 하다.

그러나 나의 노력에 의미를 부여해주는 위로의 순간은 늘 있었다. 예를 들어 어느 날 전철에서 파키스탄 출신의 한 남자가 나에게 다가와 편지 한 통을 손에 쥐어주었다. 나중에 알고 보니 그는 우퇴위아 희생자 가운데 한 명의 가까운 친척이었다. 편지에서 그는 나의 노력에 감사한다고 썼다.

판결의 날

— 극우주의에 맞서다

2012년 8월 24일.

　나는 오슬로 법원의 250호 법정에 앉아 있다. 10초 전 재판장은 다음과 같은 판결문을 낭독했다. "피고인은 심신미약으로 볼 근거가 희박해 교도소에 남는다. 아네르스 베링 브레이비크는 법정 최고형인 21년 형에 출소 후에도 감독 기관의 통제를 받는다." 검사 홀렌Holden은 검찰총장과 협의해보고 저녁 내로 항소할지 결정하겠다고 통보했다. 모든 정황은 재판이 끝났음을 말해준다. 수천 개의 상념이 교차했다. 내 옆에는 평화로운 시기에 노르웨이가 경험한 가장 잔혹한 범죄를 저지른 남자가 앉아 있다. 13개월하고도 하루를 나는 이 남자를 변호하기 위해 전력을 기울였다. 숱한 경험과 그에 못지않은 많은 감정 그리고 엄청난 압력을 견뎌내야만 했던 긴 여정이었다. 이 여정은 7월 23일 아침 7시에 경찰이 나에게 전화를 걸어오면서 시작되었다.

이제는 지나갔다. 재판은 끝났을 확률이 높다. 나는 커다란 안도감을 느꼈다. 모두 함께 공정한 판결을 얻어냈기에, 이런 판결이 의뢰인의 이해관계와도 부합하기에, 또 엄청난 중압감을 떨칠 수 있기에 나는 안도했다. 어떤 심각한 실수를 저지르는 것은 아닌지 노심초사하지 않은 날은 단 하루도 없었다. 마침내 나는 이런 염려에서 벗어나게 되었다. 이제 끝이 보인다. 이제 나는 우리가 사건을 실제로, 그리고 올바른 방식으로 끝마쳤음을 안다.

우리 팀은 법원 내 변호인을 위해 마련된 방에서 만났다. 분위기는 물론 좋았다. 무조건 판결 때문에 좋은 것은 아니었다. 우리는 여전히 책임능력 인정 여부를 둘러싸고 의견이 갈렸기 때문에 함께 환호할 수는 없었다. 그러나 우리는 사건을 성공적으로 마무리했다는 사실에 안도했으며 기쁨을 함께 나누었다.

재판이 끝난 뒤 나는 증인으로 진술했던 몇몇 전문가와 이야기를 나누었다. 그들 대다수는 사건 자체와 연루되는 것이 싫어 정말 내키지 않는 마음으로 증언대에 섰다고 털어놓았다. 그러나 재판이 끝난 뒤 그들은 모두 입을 모아 자신의 재판 참여가 아주 귀중한 경험이었다고 말했다.

그들의 생각이 바뀐 이유는 분명 재판이 테러리즘과 범인과의 품격 있는 대결이었기 때문이다. 재판은 민주주의와 법치국가의 원칙에 따른 것으로, 노르웨이에 중요한 의미를 가지므로 모든 관련 당사자가 자부심을 느꼈다. 비록 언론이 이따금 몇몇 의혹을 부풀리는 바람에 갈등의 파고가 높게 일기는 했지만, 나는 언론 보도 역시(전문가의 논평이 있는 것이든 없는 것이든) 전체적으로 모범적이었다고 본다. 재판은 우리 모두에게 일대 시련이기는 했지만, 우리의 근본 가치가 뿌리를 깊게 내렸음을 확인해주었다.

그럴수록 나는 브레이비크가 일군의 세력과 여러 나라에서 컬트가 되었다는 사실에 신경이 쓰였다. 브레이비크와 의견을 같이하고 심지어 테러 공격에 박수갈채를 보내는 사람들이 있다는 사실이야 이미 알고 있었지만, 그래도 컬트로 섬긴다는 이야기를 듣고 경악했다. 얼마 전 'TV2' 방송에서는 러시아 극우파 조직의 우두머리가 브레이비크를 공개적으로 찬양하는 다큐멘터리를 보여주었다. 수백 명의 러시아 청년들이 그를 '영웅'이라 불렀다. 이들은 가슴팍에 '파티 우퇴위아'라고 커다랗게 쓰인 티셔츠를 입었다. 방송에서 자녀의 살인자가 노골적으로 숭배되는 것을 본 피해자 가족의 기분은 어떨까?

그러나 조금만 더 자세히 살펴보면 이는 보기보다 놀라운 일이 아니다. 인생의 방향을 잡지 못하고 헤매는 젊은이들은 어디에나 있다. 이들은 대개 기본 교육을 받지 못해 분노하고 절망한다. 폭력과 전체주의 이데올로기에 쉽게 사로잡히는 이유는 바로 기본 교육의 부족 때문이다.

그러나 왜 하필이면 컬트일까? 나는 브레이비크가 자신의 범행을 정치적으로 포장했기 때문이라고 생각한다. 그의 살인은 강도 살인도, 충동적인 묻지 마 살인도 아니며, 정치적 동기를 가지고 냉혹하게 계산한 '진짜' 테러리스트의 폭력이었다. 어쨌거나 사회는 브레이비크를 이렇게 보았으며, 언론도 이처럼 묘사했다. 정신병자가 범행을 벌였다면 이런 소동의 대부분은 일어나지 않았으리라. 러시아, 미국, 영국, 독일, 그리스, 스웨덴 등 다른 나라에서 브레이비크를 보도한 내용에 따라 판단한다면 그는 이제 방향을 잡지 못하고 방황하는 젊은이들에게 하나의 이정표를 제시하여 최악의 경우 그들이 테러리스트가 될 가능성이 있다.

그럼에도 우리는 브레이비크가 자신의 의사를 표현할 권리를 전적으로 부정하지는 않았다. 그랬다면 그의 컬트 지위가 더욱 올라갔으리라. 그 대신 우리 모두는, 특히 기자와 정치가 등 사회적 책임이 높은 사람들은 극단적인 표현에 적극적으로 대응해야만 한다. 우리는 그런 의견이 있다는 사실을 밝게 드러내고 공개적으로 솔직하게 토론을 벌여, 햇살을 비추면 스러지는 요괴처럼 그런 의견이 스러지도록 만들어야 한다. 그래야 우리는 극단적인 생각의 위험성을 분해하고 우리의 청소년과 이후 세대에게 든든한 토대를 만들어줄 수 있다. 교육과 계몽이야말로 극단적인 전체주의 사상에 대항할 최고의 무기다.

공평한 교육을 받을 기회를 확대하는 것이야말로 극단주의를 막을 최고의 보호 수단이다. 우리 아이들은 기술만 배울 것이 아니라, 어떻게 해야 좋은 사회를 건설할 수 있는지를 배워야만 한다. 사회 이론, 사회 학습, 정치 교육이야말로 극단주의를 막을 최고의 수단이다. 이런 교육을 통해 우리는 무엇보다도 전체 맥락을 읽을 줄 알게 되며, 겉보기에는 간단하지만 위험한 해결책을 경계할 수 있다.

동시에 사회는 7월 22일의 테러로부터 배워야만 한다. 테러리스트는 전 세계 어느 나라에서나 출현할 수 있다. 테러의 위험은 앞으로도 줄어들지 않을 것이다. 바로 그런 이유로 우리는 통제를 위한 적극적인 대책을 수용하고 안전과 예방을 위한 더 많은 예산을 지출할 각오를 해야 한다. 더욱이 사회는 테러로 상해를 입은 청소년들을 돌보고 그들이 재활할 수 있게 지원을 아끼지 말아야 한다.

나 자신은 브레이비크의 책임능력 문제와 관련해 오랫동안 갈피를 잡지 못했다. 오늘날에는 물론 판결이 옳았다고 확신한다. 무엇보다도 판결을 받고 난 뒤에 브레이비크가 한 활동은 그의 책임능력이 온전함을 웅변한다. 그는 교도소 안에서 자신의 정치 활동을 계속했다. 그는 유럽 전역의 극우파와 연락을 주고받았다. 심지어 그런 접촉을 관리한 끝에 그는 상징적인 지도자 위치에 올랐다. 그의 컬트 인기 덕분에 그는 그런 영향력을 갖게 되었다. 충격적이기는 하지만 그것은 곧 브레이비크의 '정치 프로젝트'가 결코 끝나지 않았다는 분명한 확증이다. 그는 자신의 '선언'에 이미 담아둔 명확한 노선을 밀고 나갔다. 처음에는 자신의 정치적 의견을 드러내기 위해 잔혹한 범죄를 저질렀다. 그런 다음 재판으로 더 많은 주목을 끌었다. 그리고 후속 작업, 즉 극단적이고 전체주의적인 조직을 계속 구축해가는 후속 작업을 벌이고 있다(아마도 이것이 그에게 가장 중요한 부분일 것이다.). 이것은 브레이비크의 의식적이고도 일관된 전략이다. 모든 네 단계(선언—범행—재판—후속 작업)는 계획에 따라 차근차근 진행되었다. 이런 정황이야말로 그에게 책임능력이 있음을 명확히 보여준다.

이 문제를 따라가노라면 우리는 피할 수 없이 자유로운 의사 표현의 권리를 어디까지 인정해야 하는가 하는 물음과 만난다. 유죄를 선고받은 형사범, 특히 분명한 극단적인 동기를 가진 형사범에게 이런 권리를 허용해주는 것이 옳을까? 브레이비크와 같은 테러리스트는 물론이고 사회의 모범 또는 인간으로서의 모범과 극단적인 편차를 보이는 다른 형사범이 마음대로 자신의 생각을 표현하도록 허용해도 좋은가?

브레이비크가 자신과 정치적 성향이 같은 사람들과 연락을 주고받는다는 것은 심각한 문제다. 그가 쓴 편지의 수신자는 그것을 복사해 뿌리거나 웹사이트를 통해 얼마든지 퍼뜨릴 수 있다. 이렇게 해서 브레이비크는 전 세계의 극우파와 소통하며, 방향을 잡지 못한 젊은이들을 해당 세력으로 끌어들일 수 있다. 대단히 불행한 일이지만, 우리는 자유로운 의사 표현의 권리라는 이름 아래 이를 묵과할 수밖에 없다. 이런 문제의 해결책이 금지일 수는 없다. 오히려 극단주의적 발상의 정체를 폭로하기에 충분한 반대 의견을 견실히 다져가는 것이 최선의 해결책이다.

극우 성향의 블로거 '피오르만'과 같은 남자들은 오랜 세월 동안 극우파의 이데올로기 지도자로 행세해도 좋도록 허용되어왔다. 이 남자의 왜곡된 유럽관에 대항해 이에 맞먹는 체계적인 논리로 반론을 펼쳐온 사람은 극소수뿐이다. 내가 보기에, 자신의 관점으로 유럽을 보는 것은 그의 정당한 권리다. 그러나 우리, 즉 사회의 다수는 반론을 제기하지 않는 커다란 실수를 저질러왔다. 그런 이데올로기에 담긴 유치한 발상과 사람들에게 등급을 매기는 원시성을 폭로할 수 있는 것은 오로지 반론뿐이다. 반론을 접할 때 청소년은 이를테면 '게이트 오브 비엔나Gates of Vienna'와 같은 웹사이트에서 펼치는 논리에 대항할 무기를 얻는다. 이렇게 할 때에만 친구들끼리 혹은 이른바 소셜미디어에서, 그런 공개 토론에서 펼치는 주장이 진지한지 하는 문제를 놓고 활발한 토론을 벌일 수 있다.

테러 활동을 계획할 때 우리의 형법은 표현의 자유에 제재를 가한다. 이럴 경우 행정 집행 기관은 영향력을 행사할 권리가 있다. 나는 브레이비크가 자신의 정치적 입장을(이 입장이 잘못된 것이든 미친 것이든) 표현하는 것은 중요한 권리라 본다. 그를 고립시키고 주변과 일체 접촉하지 못하게 막는 대신(이런 격리와 통제는 그의 컬트 지위만 높일 뿐이다.), 우리는 그와 동조 세력의 표현을 이해하려 노력해야만 한다. 그들에게 동의하기 위해서가 아니다. 오히려 합리적 반론을 준비하고 유럽 전역에 퍼지고 있는 극우적 흐름을 막기 위해 우리는 이해하려는 노력을 기울여야만 한다. 더 많은 젊은이들이 그들의 족적을 따라 극우파에 가담하는 것을 막을 대책을 세우고 반론을 제시하기 위해 우리는 그들의 생각과 대결을 벌여야만 한다.

브레이비크 사건에서 특히 충격적인 것은 그가 이런 반응을 예견하고 자신을 컬트 지위에 올려놓을 계획을 세웠다는 점이다. 그가 자신과 의견을 같이하며 또 테러 행위도 좋게 받아들이는 전 세계 수천 명의 추종자를 거느렸다고 주장했을 때, 많은 사람들은 비웃거나 그를 미친놈 취급했다. 그는 나에게 자신이 갈수록 더 많은 추종자를 얻을 거라고 귀가 따가울 정도로 말했다. 나는 두 개의 서로 모순된 정신 감정이 빚어낸 드라마가 그의 컬트 지위를 높였다고 덧붙이고 싶다.

물론 그렇다고 해서 우리 법체계가 판결이 가져올 정치적 결과까지 고려해야 한다는 것은 아니다. 정치적 고려까지 한다는 것은 전체 체계의 파산 선언과 다르지 않기 때문이다. 당연히 우리는 단 한 가지만 배려해야 한다. 그것은 곧 되도록 구체적이고 정의로운 판결이 나오게 하는 배려. 오슬로 법원은 어느 모로 보나 이런 판결을 이끌어내는 데 성공했다. 판결은 구체적일 뿐만 아니라 상당히 훌륭했다.

한 가지 안타까운 점은 브레이비크가 재판의 진행을 두고 노골적으로 기뻐했다는 사실이다. 2012년 8월 24일 법정 최고형을 선고받은 브레이비크는 정신병에 걸린 살인마가 결코 아니다. 그는 냉혹하게 계산할 줄 아는 정치 활동가로서 합법적인 재판정을 자신의 정치 무대로 만듦으로써 국제적인 주목을 이끌어내는 데 성공했다. 이런 성공은 그 유례를 찾을 수 없는 것이다. 그와 동조 세력은 판결을 처벌로 보지 않고, 오히려 그 반대로…….

비베케와 나는 시엔 구치소의 면회실 유리벽 앞에 앉았다. 이날은 오슬로 법원 판결의 항소 기한이 끝나는 2012년 9월 7일이었다. 우리는 의뢰인 아네르스 베링 브레이비크와 아마도 마지막이 될 대화를 기다리며 몹시 긴장했다.

나는 그에게 어떻게 지내느냐고 물었다. 그는 재판이 끝나서 기쁘며, 항소는 하지 않겠다고 말했다. 우리는 안도의 한숨을 쉬면서도 그동안 워낙 많은 변덕을 경험한 터라 귀를 의심했다.

브레이비크는 우리의 변호에 만족한다면서 유리벽 뒤에서 여러 차례 감사하다는 말을 했다. 그는 재판 과정에서 또 재판 이후 자신의 정치적 역할에 충실한 연기를 해왔다면서, 이제는 다시 자기 자신으로 돌아갈 수 있어 좋다고 말했다. 그는 테러를 저지르는 것이 재미있어서 그 일을 한 것이 아니며, 그에게는 파국이나 다름없는 다문화 사회를 막기 위해서는 어쩔 수 없었다고 했다. 그런 다음 그는 자신의 새로운 정치 프로젝트를 신나게 떠들어댔다.

마지막 작별 인사를 나누기 전에 브레이비크는 다시금 항소하지 않겠다고 다짐했다. 그는 자신이 세운 계획의 일부를 성공적으로 수행했으며, 이제는 다문화 사회를 빚어낸 책임을 져야 할 사람들이 테러의 책임도 져야 할 때라고 강조했다. 이런 책임 소재의 규명은 노르웨이 법정에서는 이루어질 수 없다고도 말했다. 더 나아가 그는 자신의 인생에서 지금처럼 동기부여가 확실한 때는 없었다고 힘줘 말했다. 지금 유럽은 1930년대 독일과 같은 지점에 서 있다는 느낌이 들어서 자신의 기분은 최고조라고 했다. 이것이야말로 일생일대의 기회라면서 그는 장차 많은 변화가 있을 것이라고 확신했다.

며칠 뒤 나는 뉴스를 통해 그리스의 네오파시즘 정당인 '황금빛 서광Goldene Morgenröte'이 아테네의 장터를 휩쓸고 다니며 판매대마다 상인의 신분증을 검사했다는 소식을 접했다. 상인의 대다수는 이주민이었다. 유효한 신분증이 없는 모든 상인은 몽둥이로 위협을 받고 쫓겨났다. 경찰은 바로 옆에 서서 구경하기만 했다.

이 정당은 최근 선거에서 7%의 득표율을 올려 처음으로 의회에 입성했다. 우리 의뢰인이 예견했듯, 역사가 되풀이되는 것처럼 보인다. 사회의 불안, 가난과 각종 급변하는 정세는 사악한 피를 부르며 극적인 정치 변화를 불러온다. 심지어 위대한 사상가들의 고향인 그리스에서조차 이런 바람이 분다. 일자리를 찾지 못하고 먹을 것이 더는 없다면, 가장 큰 고통을 받는 쪽은 언제나 사회적 약자다. 결국 약자는 분노를 이기지 못해 불만이라는 이름의 군화를 신고 군사적 복수 행렬에 동참하리라. 패배자를 양산하는 사회는 우리가 짐작하는 것보다 훨씬 더 위험하다.

그런 뉴스를 접할 때마다 내 등줄기에서는 차가운 기운이 흘러내린다. 닷새 전 브레이비크와 마지막 대화를 나눌 때처럼. 비베케와 나는 서로 포옹하고 협력을 잘할 수 있었던 것에 진심으로 감사했다. 그럼에도 나는 자동차에 올라 오슬로로 돌아올 때 브레이비크의 세계에서 불어오는 찬바람을 느꼈다.

희 망

― 사안의 핵심 : 공동의 근본 가치

재판이 끝난 이후 나는 일상에서 어떻게 지내는지, 혹시 언론의 조명을 받는 일이 그리운 것은 아닌지 하는 질문을 여러 차례 받았다. 언론의 조명? 그건 분명 아니다. 나는 그런 조명이 그립지 않다. 나는 언론의 조명을 받을 때 내 인생을 살지 못했으며, 지금은 다시 내 인생을 온전히 누린다. 아이들과 가족과 함께하는 삶, 내가 따라갈 수 있는 속도의 삶이 좋다. 나는 다시금 오늘이 무슨 날이며, 집에서 할 일은 무엇이고, 아이들이 숙제는 어떻게 했는지, 또는 누구 생일인지 안다. 나는 다시 가족을 위한 자리로 돌아왔으며, 그럼에도 변호사로서 흥미로운 임무를 수행하고 있다. 이것이 인생이다. 이것이 행복이다.

우리 세대의 많은 사람들과, 아마도 이후 세대의 더욱 많은 사람들은 남이 자신을 어떻게 보는가에서 행복을 찾는다.

가깝게 지내는 사람이 아니라, 되도록 많은 사람들이 자신을 주목해주었으면 하고 바라는 것이 이런 심리다. 반대로 나는 많은 사람들이 보아주는 사람일수록 정작 자신은 소외된다고 믿는다. 자신의 참모습을 알아주는 사람이 없는 쓸쓸함이랄까. 남의 눈동자에 비친 내 모습을 보는 것은 일종의 대화를 뜻한다. 방송에 출현하면 무수히 많은 사람들이 나를 보기는 한다. 그러나 방송에 나오는 내 모습은 직접 마주 앉아 이야기를 나누며 얻는 인상과는 거리가 먼 것으로, 일종의 왜곡된 그림일 뿐이다. 인격을 형성하는 데 도움을 주는 맑은 거울 역할을 할 수 있는 사람은 오로지 좋은 친구와 사랑하는 사람뿐이다.

우리는 항상 자신의 목적이 무엇인지, 왜 이런 목적을 추구하는지 자문해야만 한다. 이 목적이 내면에서 우러나온 것인가, 아니면 다른 사람의 요구와 기대에 맞춰진 것인가? 내면의 목적과 외적인 목적이 서로 일치하지 않는다면, 우리는 그 어느 것도 이룰 수 없다. 이런 일치 여부를 알아내기 위해 우리는 생각할 시간이 필요하다. 바쁜 일상에 허덕이다 보면 흔히 가장 중요한 것을 잊어버리게 된다. 아내와 내가 자주 받는 질문은 이런 것이다. "아이가 여덟 명이나 되고 심지어 그 가운데 두 명은 장애에 시달리며, 두 분은 맞벌이를 하는데도 어떻게 매사가 원만하죠? 더욱이 여전히 사랑에 빠진 신혼부부처럼 보여요!" 나는 그저 맞는 말이라고 맞장구만 친다.

나는 아내와 내가 중요한 것과 그렇지 않은 것을 구별할 줄 아는 능력을 공유한다고 믿는다. 사람들은 안타깝게도 근본적으로 아무것도 아닌 부수적인 일에 너무 많은 신경을 쓴다. 동료, 이웃, 날씨, 혹은 배우자 때문에 짜증을 내며, 심지어 별 관련도 없는 일이나 바꿀 수도 없는 일에 분통을 터뜨린다. 한마디로 하찮은 일에 너무 많은 에너지를 허비한다.

우리 가족은 하나의 주된 목표에 집중한다. 매일 충실하고도 건강한 삶을 살자! 우리가 레베카에게서 배웠듯 이것은 결코 저절로 이루어지는 일이 아니다. 충실한 하루를 살아내려면 열심히 계획하고 조직하며 일하는 자세가 꼭 필요하다. 이처럼 본질에 집중하면 많은 다른 사소한 일은 잊게 마련이다. 우리는 사소한 일에 힘을 허비하지 않는다. 다른 사람들이 오랫동안 끌어안고 끙끙대는 근심거리를 우리는 쉽사리 떨쳐버린다. 실존적 위기를 겪는 사람은 가까이 있는 것, 중요한 것에 집중하면서 되도록 에너지를 허비하지 않아야 한다.

우리는 어차피 대답할 수 없는 물음이나, 아무것도 아닌 일에 신경 쓸 시간도 없고, 그럴 마음도 없다. 그러기에 인생은 너무 짧다. 인생은 기쁨과 사랑을 나누며 살기에도 부족하다. 그 밖에도 우리는 정말 중요한 결정을 내려야만 하는 날을 위해 힘을 아껴두어야 한다. 정말 힘들고 어려울 때 인간다움을 잃지 않기 위해 이 힘은 꼭 필요하다.

가장 중요한 것은 나에게 의미 있는 사람, 나를 올바른 길로 인도해줄 사람을 가까이 두는 일이다. 레드 카펫은 결코 우리를 좋은 인생으로 이끄는 길이 아니다. 이런 사실을 보여주는 예는 무수히 많다. 유명해진다는 것은 아무런 의미가 없다. 반대로 인생의 어려운 고비에 도움을 줄 수 있는 사람, 사랑하는 사람은 더할 나위 없이 소중하다.

　내가 자주 듣는 또 다른 질문은 이렇다. "7월 22일의 사건으로 얻은 가장 큰 깨달음은 무엇인가요?" 그 대답으로 나는 짤막한 일화를 하나 들려주고자 한다. 이 일화는 사람들에게 친숙한 얼굴이 되면 어떤 아름다운 체험을 할 수 있는지를 잘 보여준다. 지난 9월 나는 병원에 있는 레베카를 만나러 갔다. 우리는 함께 기도실에 가서 기도를 올리고 싶었다. 내가 레베카의 침대를 복도에서 밀고 가는 동안 어떤 대가족이 우리를 지나쳐 갔다. 아마도 파키스탄 혹은 인도 출신으로 보였다. 이 경우 어디 출신인지가 중요한 것은 아니지만. 나는 가족이 슬픔에 젖은 것을 보았다. 앞장선 아이들 무리는 모두 울고 있었다. 그 뒤로 여러 명의 여성이 마찬가지로 울며 지나갔다. 마지막에는 대단히 심각한 표정을 한 남자들이 뒤를 따랐다.

　이들은 우리를 힐끗 보더니 나를 알아보았다. 여인들과 남자들이 미소를 지으며 인사했다. "하이, 예이르!" 그들은 나와 악수를 나누며 내 어깨를 다독여주었다. 마치 오래전부터 알던 친숙한 사람처럼. 그런 다음 다시 복도를 걸어가며 슬픔에 빠졌다.

나는 생각했다. 이것이야말로 사안의 핵심이다. 재판과 관련해 내가 경험한 가장 인상적인 순간이었다. 노르웨이에 사는 모든 사람들은, 문화, 종교, 인종에 상관없이 공동의 근본 가치로 통합되어 있다. 내 의뢰인이 다른 신앙을 가진 모든 사람을 유럽에서 추방하려는 목적을 추구할지라도, 그가 나를 변호인으로 선택했을지라도, 다른 문화권의, 다른 종교를 가진 슬픔에 빠진 사람들은 병원에서 내 어깨를 다독여주었다. 나는 이처럼 진솔한 인간적 온기에 놀라면서도 무한한 기쁨을 느꼈다. 우리의 작은 땅 노르웨이에 사는 모든 사람이 얼마나 소중한지 나는 새삼 명확히 깨달았다.

　이런 경험 덕분에 나는 커다란 희망을 가지고 미래를 바라보게 되었다. 만약 7월 22일 오후에 일어났던 그 끔찍한 테러를 거울삼아 중요하지 않은 차이에 연연하지 않고 가치에 기초한 생각을 할 수 있게 된다면, 그래서 서로 더 잘 이해할 수 있다면 희망은 굳건하다. 그럼 우리는 어디 출신인지, 무엇을 믿든지 간에 우리 인간이 모두 평등한 존재라는 점을 발견하리라.

나는 왜 테러리스트를 변호했나?

초판 1쇄 발행 2018년 2월 28일
원작 Det vi kan stå
지은이 예이르 리페스타드 **옮긴이** 김희상 **발행인** 도영
표지 디자인 신병근 **내지 디자인** 손은실 **마케팅** 김영란
발행처 그러나 (등록 2016-000257호) **주소** 서울시 마포구 동교로 142, 5층(서교동)
전화 02) 909-5517 **Fax** 0505) 300-9348 **이메일** anemone70@hanmail.net
ISBN 978-89-98120-45-0 03350

- '그러나'는 '솔빛길'의 문학 인문 전문 브랜드입니다.